Reihe Rechtswissenschaft

Band 201

Stellvertreterthemen als mediales Phänomen und ihre rechtlichen Probleme

Martin Eckert

Centaurus Verlag & Media UG 2005

Zum Autor: Martin Eckert, geb. 1969, studierte Rechtswissenschaften, 2001 Promotion zum Dr. jur., 2004 Verleihung des Grades eines Master of Laws (LL.M.) (Medienrecht). Er ist als Rechtsanwalt in Mainz tätig.

Veröffentlichung:
Literatur und Kriminologie: Literatur als Objekt kriminologischer Analysen unter Berücksichtigung des „Formwillens" als hervorstechende Eigenschaft literarischer Texte.
(Centaurus Verlag, Herbolzheim 2002)

Die vorliegende Arbeit wurde mit dem Förderpreis der Dr. Feldbausch-Stiftung für das Jahr 2004 ausgezeichnet.

Die Deutsche Bibliothek – CIP-Einheitsaufnahme

Martin Eckert:
Stellvertreterthemen als mediales Phänomen und ihre rechtlichen Probleme / Martin Eckert. – Herbolzheim : Centaurus-Verl., 2005
  (Reihe Rechtswissenschaft ; Bd. 201)
  ISBN 978-3-8255-0516-5   ISBN 978-3-86226-470-4 (eBook)
  DOI 10.1007/978-3-86226-470-4

ISSN 0177-2805

Alle Rechte, insbesondere das Recht der Vervielfältigung und Verbreitung sowie der Übersetzung, vorbehalten. Kein Teil des Werkes darf in irgendeiner Form (durch Fotokopie, Mikrofilm oder ein anderes Verfahren) ohne schriftliche Genehmigung des Verlages reproduziert oder unter Verwendung elektronischer Systeme verarbeitet, vervielfältigt oder verbreitet werden.

© CENTAURUS Verlags-GmbH. & Co. KG, Herbolzheim 2005

Satz: Vorlage des Autors
Umschlaggestaltung: DTP-Studio, A. Walter, Hinterzarten

Vorwort

Die vorliegende Betrachtung wurde im Wintersemester 2003/2004 als Masterarbeit im Weiterbildungsstudiengang Medienrecht, den der Fachbereich Rechts- und Wirtschaftswissenschaften der Johannes Gutenberg-Universität Mainz in Zusammenarbeit mit dem Mainzer Medieninstitut durchführt, angenommen. Sie wurde mit dem Förderpreis der Dr. Feldbausch-Stiftung des Jahres 2004 ausgezeichnet.

Großen Dank schulde ich Herrn Prof. Dr. Karl N. Renner: Er hat freundlicherweise diese Masterarbeit betreut. Seine Ratschläge ermöglichten es mir, die vorliegende Betrachtung stringent zu erarbeiten. In seinem Seminar zu Bewertung und Qualität von Fernsehsendungen erlernte ich, mediale Äußerungen in allen ihren Facetten zu erfassen und zu bewerten.

Ebenfalls großen Dank schulde ich Herrn Prof. Dr. Dieter Dörr: Er fungierte freundlicherweise als Zweitkorrektor dieser Masterarbeit. In seinen Vorlesungen gewann ich den Blick für die großen Zusammenhänge des Medienrechts. Insbesondere danke ich ihm dafür, dass er die vorliegende Arbeit für den Förderpreis der Dr. Feldbausch-Stiftung vorschlug.

Weiterhin danke ich Herrn Prof. Axel Buchholz: In seinen Vorlesungen zum Journalismus erlernte ich die Zusammenhänge der Erstellung und Verbreitung medialer Äußerungen. Außerdem danke ich Herrn Prof. Dr. Rudolf Gerhardt: In seiner Vorlesung zur Medienethik erlangte ich das notwendige Gespür dafür, wie weit in medialen Äußerungen gegangen werden darf.

Mainz, 23.06.2004 *Martin Eckert*

Inhaltsverzeichnis

Vorwort V
Inhaltsverzeichnis VII
Abkürzungsverzeichnis IX

Einleitung 1

I. Phänomen Stellvertreterthemen 3
   1. Äußerungen und die in ihnen beinhalteten Aussagen 3
   2. Stellvertreterthemen und die hinter ihnen „versteckten" Aussagen 9
   3. Demonstrationsbeispiel „Schröders Haarfarbe" 13
      a) Sachverhalt 13
      b) Berichterstattung in den Medien 14
      c) These 14
   4. Demonstrationsbeispiel „Affäre Friedman" 15
      a) Sachverhalt 15
      b) Berichterstattung in den Medien 16
      c) These 19

II. Linguistische Analyse 20
   1. Ansätze linguistischer Analysen von Äußerungen 20
      a) Analyse der Funktion einer Äußerung 20
      b) Analyse der grammatischen Wiederaufnahmestruktur 22
      c) Analyse der Themenstruktur 24
      d) Analyse der Sprachbilder 27
      e) Wahre Absicht des Emittenten und Wirkung auf den Rezipienten ... 31
   2. Linguistische Analyse des Beispiels „Schröders Haarfarbe" 33
      a) Funktion der Äußerung 33
      b) Wiederaufnahmestruktur 34
      c) Themenstruktur 35
      d) Sprachbilder 35
      e) Wahre Absicht des Emittenten und Wirkung auf den Rezipienten ... 36
      → Ergebnis 37
   3. Linguistische Analyse des Beispiels „Affäre Friedman" 37
      a) Funktion der Äußerungen 37
      b) Wiederaufnahmestruktur 38
      c) Themenstruktur 41

d) Sprachbilder 43
e) Wahre Absicht des Emittenten und Wirkung auf den Rezipienten............44
→ Ergebnis...44

III. Juristische Analyse 46
1. Ansätze juristischer Analysen von Äußerungen...46
   a) Ermittlung der tatsächlichen Aussage einer Äußerung..............................46
   b) Qualifizierung als Tatsachenbehauptung oder Meinungsäußerung...........50
   c) Ermittlung der Rechtswidrigkeit einer Äußerung......................................53
2. Juristische Analyse des Demonstrationsbeispiels „Schröders Haarfarbe" 54
   a) Ermittlung der tatsächlichen Aussage der Äußerung.................................54
   b) Qualifizierung als Tatsachenbehauptung...54
   c) Rechtswidrigkeit der Äußerung 55
   → Ergebnis..56
3. Juristische Analyse des Demonstrationsbeispiels „Affäre Friedman"............56
   a) Ermittlung der tatsächlichen Aussage der Äußerung.................................56
   b) Qualifizierung als Tatsachenbehauptungen 58
   c) Rechtswidrigkeit der Äußerung 59
   → Ergebnis..59

IV. Rechtliche Probleme mit Stellvertreterthemen..60
1. Schlussfolgerung aus den Ergebnissen der Analysen.....................................60
2. Die wesentlichen rechtlichen Probleme...62
   a) Problem der Machbarkeit...62
   b) Problem der heranzuziehenden Wertmaßstäbe..63
   c) Problem der Bestimmtheit..64
   d) Problem: Persönlichkeitsrechte ↔ Aufgaben der Medien 65
   e) Problem: Persönlichkeitsrechte ↔ öffentliches Interesse..........................67

→ Fazit der Betrachtung..69

Dokumentation der analysierten medialen Äußerungen......................................71
Literaturverzeichnis...81
Stichwortverzeichnis..84

Abkürzungsverzeichnis

a.a.O. .... am angegebenen Ort
Abs. .... Absatz
AfP .... Archiv für Presserecht, zitiert nach Jahr, Seite des Beginns der Entscheidung bzw. des Aufsatzes und ggf. in eckigen Klammern Seite der konkreten Fundstelle
AG .... Amtsgericht
Aufl. .... Auflage
Az. .... Aktenzeichen
Beschl. .... Beschluss
BGB .... Bürgerliches Gesetzbuch in der Fassung der Bekanntmachung vom 02.01.2002, BGBl I 42
BGBl. .... Bundesgesetzblatt, zitiert nach Teil in römischen und Seite in arabischen Ziffern
BGH .... Bundesgerichtshof
BGHZ .... Entscheidungssammlung des BGH in Zivilsachen, zitiert nach Band, Seite des Beginns der Entscheidung und ggf. in eckigen Klammern Seite der konkreten Fundstelle
BVerfG .... Bundesverfassungsgericht
BVerfGE .... Entscheidungssammlung des BVerfG, zitiert nach Band, Seite des Beginns der Entscheidung und ggf. in eckigen Klammern Seite der konkreten Fundstelle
bzw. .... beziehungsweise
d.h. .... das heißt
EGMR .... Europäischer Gerichtshof für Menschenrechte
etc. .... et cetera
f. .... folgende
ff. .... fortfolgende
Fn. .... Fußnote
GG .... Grundgesetz für die Bundesrepublik Deutschland vom 23.05.1949, BGBl I 1, BGBl III 1 Nr. 100-1
ggf. .... gegebenenfalls
grds. .... grundsätzlich
GRUR .... Gewerblicher Rechtsschutz und Urheberrecht, zitiert nach Jahr, Seite des Beginns der Entscheidung bzw. des Aufsatzes und ggf. in eckigen Klammern Seite der konkreten Fundstelle
h.M. .... herrschende Meinung

Hrsg., hrsg.	Herausgeber, herausgegeben
i.d.R.	in der Regel
i.S.v.	im Sinn von
insb.	insbesondere
Kap.	Kapitel
LG	Landgericht
m.w.N.	mit weiteren Nachweisen
NJW	Neue Juristische Wochenschrift, zitiert nach Jahr, Seite des Beginns der Entscheidung bzw. des Aufsatzes und ggf. in eckigen Klammern Seite der konkreten Fundstelle
OLG	Oberlandesgericht
Rn.	Randnummer
S.	Im Zusammenhang mit Fundstellenangaben: Seite Im Zusammenhang mit Paragrafenangaben: Satz
sog.	so genannter, so genannte, so genanntes
Sp.	Spalte
StGB	Strafgesetzbuch in der Fassung vom 13.11.1989, BGBl. I 3322
u.	und
u.a.	unter anderem
Urt.	Urteil
v.	vom, von
vgl.	vergleiche
z.B.	zum Beispiel

Einleitung

Mit medialen Äußerungen und den in ihnen beinhalteten Aussagen verhält es sich keineswegs so einfach, wie es sich der unvoreingenommene Rezipient von Rundfunk, Printmedien, Telemedien oder Datenträgern vorstellen mag. Vielmehr sind in medialen Äußerungen i.d.R. eine Vielzahl von unterschiedlichsten Aussagen enthalten, die nur zum Teil bewusst, viele eher unbewusst wahrgenommen bzw. „nur erspürt" werden und deren tatsächliche Aussage sich oft nicht direkt erschließt, etwa weil sie verklausuliert oder unterschwellig emotional ist.

Gegenstand der vorliegenden Betrachtung ist ein besonderer Typ von solchen Äußerungen, hinter denen sich Aussagen verbergen, die eher nur unbewusst wahrgenommen, bzw. eher nur erspürt werden, nämlich die so genannten Stellvertreterthemen[1]. Diese sind ein zu wenig beachtetes mediales Phänomen, mit dem man aber in der Praxis häufig konfrontiert wird: Hinter Stellvertreterthemen verbergen sich nämlich oft brisante Aussagen, die, obwohl ohne klare Konturen, häufig auch recht drastisch sind.

Stellvertreterthemen sind insb. anfällig, für Meinungsmanipulationen missbraucht zu werden. Ein einfaches Beispiel hierfür ist, über einen kriminellen Ausländer zu berichten, der aus rechtsstaatlichen Gesichtspunkten heraus nicht in sein Heimatland abgeschoben werden kann (Beispiel: Der „Kalif von Köln") um tatsächlich mit diesem Bericht – verdeckt – aussagen zu können, der Staat gehe mit kriminellen Ausländern (mit Ausländern überhaupt) „zu lasch" um etc.[2] Bei Stellvertreterthemen hat das „Opfer" zudem kaum eine Chance, argumentativ gegenzuhalten, da der „Angriff" unspezifisch und vor allem nicht direkt artikuliert ist. Das Problem mit Stellvertreterthemen besteht also letztlich darin, dass einzelne Aspekte eines größeren Diskussionszusammenhangs disproportional herausgepickt und zudem oft an einzelnen, mehr oder minder zufällig betroffenen Personen festgemacht werden.

Auf ein Problem mit dem Begriff „Stellvertreterthema" sei hingewiesen: Der Begriff „Stellvertreterthema" ist aus linguistische Sicht eher „unglücklich" gewählt; vielmehr muss dieser Begriff eher umgangssprachlich verstanden werden. Deswegen wird hier mit einer Darstellung des Phänomens Stellvertreterthemen

---

1 Bei dem Begriff „Stellvertreterthema" dürfte es sich um eine analoge Wortschöpfung zu dem Begriff „Stellvertreterkrieg" handeln.
2 Typischer Nachsatz ist hier i.d.R. die Anmerkung, dass „Ausländer hier nur Gäste seien" – von Gästen wird schließlich allgemein erwartet, dass man sie auch wieder los wird...

begonnen, um ein Verständnis dafür zu schaffen, was mit dem Begriff „Stellvertreterthema" gemeint ist.

Ziel der vorliegenden Betrachtung ist, für den Umgang mit Stellvertreterthemen zu sensibilisieren. Dies soll im Wesentlichen dadurch erreicht werden, dass eine linguistische und eine juristische Analyse von zwei Beispielen aus den Medien für Stellvertreterthemen gegenübergestellt werden. Die Darstellung des juristischen Umgangs mit medialen Äußerungen ist dabei auf die Ermittlung des Sinns bzw. Inhalts der Aussage konzentriert. Ein vollständiges Durchprüfen sämtlicher Tatbestandsmerkmale einer Anspruchsgrundlage, etwa die des Unterlassungsanspruchs oder die des Anspruchs auf Geldentschädigung, würde hier nicht weiterführen.

Damit geht es hier letztlich vor allem um das Problem des Verstehens von Äußerungen – ein Aspekt, der im Äußerungsrecht häufig genug stiefmütterlich behandelt wird. Dies dürfte wohl daran liegen, dass im allgemeinen jeder von sich glaubt, sein „natürliches" Sprachempfinden sei für die (forensische) Praxis ausreichend, bzw. weil allgemein angenommen wird, die Wirkung einer Äußerung bzw. der in ihr beinhalteten Aussagen reiche nicht weiter als dieses – letztlich undefinierbare – „natürliche" Sprachempfinden.[3]

Es wird sich zeigen, dass als Ergebnis dieser Betrachtung keine einfachen Handlungsanweisungen vorgeschlagen werden können, wie in der Praxis mit Stellvertreterthemen umzugehen sei. Deshalb wird es hier um so mehr auf eine entsprechende Sensibilisierung für das Phänomen Stellvertreterthemen ankommen. Dem wird Rechnung getragen werden, indem der Schwerpunkt dieser Betrachtung auf die Darstellung der Ansätze der linguistischen und juristischen Analysen gelegt wird, mit denen die in medialen Äußerungen beinhalteten Aussagen ermittelt werden.

---

3   Dieses Problem geht so weit, dass die Erkenntnisse der Sprachwissenschaft teilweise als für die juristische Praxis „irrelevant" angesehen werden – obwohl in der rechtswissenschaftlichen Literatur die Beschäftigung mit Sprache und Text einen überraschend weiten Raum einnimmt; vgl. Eckert, Literatur und Kriminologie, Kapitel 1.

I. Phänomen Stellvertreterthemen

1. Äußerungen und die in ihnen beinhalteten Aussagen

Mit einer (medialen) Äußerung vermittelt der Emittent (mittels eines Mediums) eine oder mehrere Aussagen an den Rezipienten. Die vermittelten Aussagen sind vielschichtig, so werden nicht nur „direkte Aussagen", sondern i.d.R. darüber hinaus auch – so nicht artikulierte – „weitere Aussagen" vermittelt, sowie ggf. „verdeckte Aussagen". Der Inhalt der Kommunikation kann dementsprechend vom Emittenten gezielt mit „weiteren Aussagen" bzw. „verdeckten Aussagen" aufgeladen werden, um das zu Vermittelnde „vollständig" zu übertragen.

Dies soll anhand einer Grafik verdeutlicht werden, die aus einem einfachen Kommunikationsmodell und einem juristischen Drei-Personen-Schema[4] zusammengestellt ist. Die Berücksichtigung des Drei-Personen-Verhältnisses ist bei der Betrachtung von Stellvertreterthemen nicht zwingend, jedoch im Hinblick darauf, dass hinter den meisten Stellvertreterthemen Aussagen über Dritte verborgen sind[5], ist dies durchaus sinnvoll:

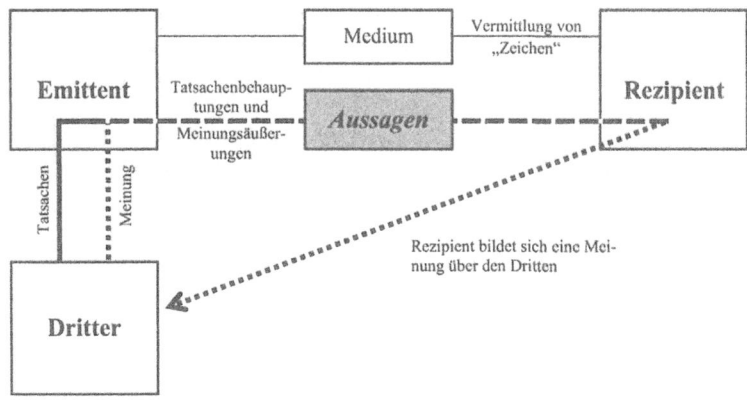

---

4 Diese werden verwendet, um z.B. komplizierte Vertragsverhältnisse, insb. solche mit mehreren Beteiligten, optisch darzustellen, damit kein Rechtsverhältnis übersehen wird.
5 Vgl. z.B. die in diesem Kapitel vorgestellten Beispiele.

Ausgangspunkt ist der Emittent. Dieser nimmt Tatsachen über den Dritten wahr und bildet sich über diesen eine Meinung. Daraus formuliert der Emittent eine Äußerung, die er, ggf. in einem Medium verkörpert, an den Rezipienten vermittelt. Relevant ist hier, dass – grafisch separat neben dem „Medium" dargestellt – gleichzeitig aus Tatsachenbehauptungen und Meinungsäußerungen bestehende Aussagen vom Emittenten an den Rezipienten vermittelt werden, aus denen dann der Rezipient möglicherweise seine Meinung über den Dritten bildet. Diese Aussagen des Emittenten sind Gegenstand der vorliegenden Betrachtung.

Primär enthält eine Äußerung „direkte Aussagen": Wenn man die Worte einer Äußerung „wörtlich" nimmt[6], erhält man die „direkten Aussagen" der Äußerung. Die „direkte Aussage" ist also das, was unmittelbar und ohne unterschwellige Wertungen (Meinungsäußerungen) oder ähnlichem vermittelt werden soll („die Nachricht an sich"). Die „direkte Aussage" ist in etwa das, was auch als plaintalk oder propia dictio bezeichnet werden kann.

Darüber hinaus enthält eine Äußerung i.d.R. auch „weitere Aussagen": Ein grundlegendes Problem der zwischenmenschlichen Kommunikation ist, dass auch Aussagen vermittelt werden sollen, die sich nicht direkt artikulieren lassen. Zunächst kann hier an Dinge wie mystisch-religiöses Erleben und an Gefühle jeglicher Prägung gedacht werden. Jedoch geht dieses Problem viel weiter, als man auf den ersten Blick annehmen möchte: Die menschliche Existenz ist dermaßen komplex, dass es notwendig ist, auch im Alltag Äußerungen ständig mit „weiteren Aussagen" aufzuladen. Häufig sind diese Aufladungen institutionalisiert und ritualisiert, so dass es nicht weiter auffällt, dass unentwegt derartige Aufladungen von „weiteren Aussagen" vorgenommen werden.[7]

Die wohl älteste Möglichkeit, Äußerungen mit „weiteren Aussagen" aufzuladen, ist, die Äußerung durch Gesänge und bestimmte symbolhafte Bewegungen oder Handlungen zu ergänzen. Hier kann man zunächst an Rituale und Gesänge von Religionsgemeinschaften denken, aber bereits das alltägliche Händeschütteln zur Begrüßung ist ein geeignetes Beispiel.[8] Eine weitere Möglichkeit, Äußerungen mit „weiteren Aussagen" aufzuladen, ist, spezielle Zeichen, etwa besondere Schriftzeichen zu verwenden. Es ist z.B. möglich, Schriftzeichen so auszugestalten, dass sie nicht nur Worte wiedergeben, sondern darüber hinaus durch ihre Ausgestaltung „weitere Aussagen" vermitteln. Dies kann sogar soweit führen, dass der eigentliche Text, d.h. die Worte, die durch die Zeichen artikuliert werden, völlig in den Hinter-

---

6   Nicht gemeint ist hier das Wörtlichnehmen im Sinn eines Bloßstellens einer missglückten Formulierung.
7   Eckert, a.a.O., S. 83.
8   Eckert, a.a.O., S. 83 f.

grund tritt und bedeutungslos wird und das Gefühl, was in den einzelnen Zeichen selbst ausgedrückt wird, zur eigentlichen Aussage dieser Äußerung wird.[9] Eine dritte Möglichkeit, Äußerungen mit „weiteren Aussagen" aufzuladen, ist, der Äußerung einen besonderen Inhalt zu geben. Die wohl bekanntesten Beispiele dürften die Gleichnisse im neuen Testament sein, etwa die Geschichte vom verlorenen Sohn. Hier geht es augenscheinlich nicht darum, den Rezipienten mitzuteilen, dass jemand von Zuhause weggegangen ist, sein Vermögen verschwendet hat und dann Zuhause überraschenderweise wieder herzlich aufgenommen wurde – zur Erhöhung der Wirkung wird hier die Person durch einen Bruder, der zuhause blieb, fleißig arbeitete und sein Vermögen vermehrte, kontrastiert – vielmehr soll hier eine tiefere Aussage, etwa dass eine Person um ihrer selbst willen geliebt werden soll, vermittelt werden. Wie man aber hier sehen kann, ist es nicht wirklich möglich, die tatsächliche Aussage dieses Gleichnisses abstrakt wiederzugeben. Vielmehr verkürzt die Wiedergabe der „weiteren Aussage" dahin, dass eine Person um ihrer selbst geliebt werden soll, die tatsächliche Aussage des Gleichnisses in verfälschender Weise. Selbst Bibliotheken mit Büchern, die sich mit diesem Gleichnis beschäftigen, vermögen die aufgeladene „weitere Aussage" nicht annähernd akkurat wiederzugeben.[10]

Äußerungen, die neben der „direkten Aussage" auch mit „weiteren Aussagen" aufgeladen sind, sind in den Medien häufig: Um die zu vermittelnden Informationen bzw. Nachrichten an die Rezipienten „vollständig" vermitteln zu können, ist es oft notwendig, dass die Äußerung (Nachricht, Bericht, Reportage etc.) gezielt mit „weiteren Aussagen" aufgeladen wird. Daneben kommt es auch häufig vor, dass mit der Äußerung vom Emittenten unbeabsichtigte „weitere Aussagen" vermittelt werden.[11]

Eine mediale Äußerung kann schon durch eine entsprechende Wortwahl mit „weiteren Inhalten" aufgeladen werden. Beispiel:

> *In einem Filmbeitrag über Korruption in Georgien sagte der Sprecher aus dem Off: „Ich habe einen Mitarbeiter der Behörde überzeugt, uns Einblick in die internen Unterlagen zu geben." und nicht, wie es wohl eigentlich zutreffend zu formulieren gewesen wäre: „Ich habe einen Mitarbeiter der Behörde überredet, uns (...)"*

---

9   Eckert, a.a.O., S. 84, m.w.N. insb. bezüglich Beispielen aus der arabischen und chinesischen Kaligrafie.
10 Eckert, a.a.O., S. 84 f.
11 Hier spielt insb. das weiter unten noch näher zu erläuternde Phänomen der Unmöglichkeit, nicht *nicht* kommunizieren zu können, eine Rolle.

Der Grund für diese Wortwahl ist offensichtlich: Der Begriff „*überzeugen*" ist positiver als „*überreden*"; der Begriff „*überzeugen*" hat das Image von „jemanden dazu zu bringen, das ‚Richtige' zu tun". Der Begriff „*überreden*" hat hingegen das Image, „jemanden dazu zu bringen, etwas zu tun, was dieser eigentlich nicht so recht wollte." In diesem Beispiel wird dies um so bedeutsamer, als mit dem Beitrag Korruption in Georgien aufgezeigt werden soll und der eigene Zeuge, der die Korruption bestätigen bzw. belegen soll, gerade nicht als ebenfalls korrupt und damit als unglaubwürdig dargestellt werden kann, weil er sich „überreden" ließ, einem Journalisten behördeninterne Unterlagen zuzuspielen.[12]

Ein Aufladen einer medialen Äußerung mit „weiteren Aussagen" ist auch durch eine entsprechende Präsentation möglich. Beispiele:

Verteidigungsminister Scharping wurde bei einem Interview mit Kamera auf einem Flughafenvorfeld so positioniert, dass er von dem Schriftzug „Luftwaffe" eines sich im Hintergrund befindlichen Flugzeugs einen Teil abdeckte und von dem Schriftzug nur noch „affe" zu lesen war.

Ein Industrieller wurde bei einem Interview mit Kamera über Umweltfragen so vor der Kamera positioniert, dass er direkt vor einem Fabrikschornstein, aus dem Rauch aufstieg, stand und es so aussah, als würden direkt aus seinem Kopf Industrieabgase aufsteigen.

Es ist offensichtlich, dass hier die Interviewer ihre Meinung über ihren jeweiligen Interviewpartner, bzw. über das, was die Interviewpartner sagen wollten, unterschwellig ebenfalls mit vermittelt haben. Überdies dürfte von dem, was die Interviewten gesagt haben, bei den Rezipienten allenfalls nur Bruchstücke angekommen sein, da diese Aussagen durch die unterschwellige Aussage der Interviewer zum großen Teil überdeckt wurden.

Mit entsprechenden Schnitten kann man ebenfalls die Aussage eines Filmbeitrags „vervollständigen" oder manipulieren. Filmbeitragsmacher müssen Zwischenschnitte sammeln, um Redepassagen zu verbinden und Zwischentexte unterzubringen. Hierfür bieten sich stereotype Beifall-Szenen, die übliche „erste Reihe" mit anwesenden Ehrengästen, Saaltotalen und andere Sujets an. Da diese Aufnahmen während der Veranstaltung fast immer zu Zeiten gemacht werden müssen, die vor oder nach der wiederzugebenden Rede liegen, sind nicht nur zeitlogische Fehler[13], sondern auch gezielte Manipulationen möglich: Der Redner, wieder oder noch in der ersten Reihe, lauscht seinen eigenen Worten oder applaudiert gar sich

---

12 Andererseits wäre dies eine „witzige" quot erat demonstrandum-Darstellung gewesen.
13 Solche Bildsegmente werden nämlich i.d.R. unter Zeitdruck rasch zu Zwischenschnitt-Sequenzen verbunden.

selbst; jemand nickt zu einer Passage, die er in Wirklichkeit mit Kopfschütteln quittiert hat; jemand hebt zustimmend den Arm zu einem Zeitpunkt, wo er sich ablehnend oder unentschieden verhalten hat, etc.[14] Beispiel:

> *Ein Bericht über eine Sitzung des bayerischen Landesparlaments, bei der ein Thema, das in der Öffentlichkeit große Aufmerksamkeit fand und dementsprechend hitzig und kontrovers diskutiert wurde, wurde mit Bildern unterlegt, die kurz vor der Eröffnung des Sitzungstages aufgenommen worden waren und auf denen folglich nur einige wenige Parlamentarier auf weitgehend leeren Bänken zu sehen waren, die zudem teils dösten, teils sich untereinander unterhielten, teils Zeitung lasen.*

Im vorstehenden Beispiel wurde offensichtlich durch den Zusammenschnitt der Sequenzen unterschwellig dem Bericht eine negative Aussage unterlegt.

Man kann aber auch dadurch, dass – ähnlich wie im vorangegangenen Beispiel – Sequenzen aneinander geschnitten werden, die in dieser Weise tatsächlich nicht zusammen gehören, die wiederzugebende Situation „authentischer", „wirklichkeitsgetreuer" darstellen. Beispiel:

> *Gerd Ruge interviewte Fischer am Aralsee, die mit ihrem Fang von ihren Booten durch das seichte Wasser ans Ufer waten, die er dann am Ufer ansprach. Bei genauem Hinsehen zeigt sich, dass der Zusammenschnitt der Bilder nicht „stimmen" kann, etwa indem erst ein Fischer beim Interview mit dem Journalisten gezeigt wird und dieser dann später im Hintergrund während eines nachfolgenden Gesprächs beim Aussteigen aus dem Boot zu sehen ist oder wenn etwa Interviewpartner quasi „aus dem Nichts" auftauchen, weil kurz vor dem Interview gezeigt wurde, wie Fischer auf den Journalisten zukommen, die dieser dann anspricht, der Interviewpartner jedoch tatsächlich in der Gruppe von Fischern, die angesprochen wurden, gar nicht dabei war.*

Hier könnte man zunächst an handwerkliche Fehler beim Schneiden des Films denken. Tatsächlich ist es hier aber offensichtlich so, dass die Sequenzen nicht im Sinn einer Dokumentation der Ereignisse zusammengeschnitten wurden, sondern dass sie so zusammengeschnitten wurden, dass das tatsächlich Erlebte, d.h. die subjektive Sicht des Journalisten, möglichst authentisch wiedergegeben wird.

Durch eine entsprechende Text-Bild-Kombination eines Filmbeitrags können ebenfalls „weitere Aussagen" vermittelt werden. Beispiel:

> *In einem Fernsehfilm über Josef Stalin wurde u.a. der Aspekt angesprochen, dass Stalin einerseits als eine Art Erlöser gleichsam „göttli-*

---

14 Schult/Buchholz, Fernseh-Journalismus, S. 166.

che Verehrung" genoss[15] – *die sowjetische Propaganda stellte ihn hierzu u.a. als Übervater dar, indem sie ihn als Pfeife rauchenden „Großvatertyp" darstellte, andererseits „wie der Teufel" gefürchtet wurde. Die Erläuterungen des Sprechers aus dem Off hierzu wurden mit einer Spielszene unterlegt, in welcher ein Stalin darstellender Schauspieler gezeigt wurde, wie er sich die Pfeife ansteckte – Aspekt „göttliche Verehrung" – die Kamera dann aber so geschwenkt wurde, dass die Pfeife von oben zu sehen war, so dass zu sehen war, wie in der Pfeife quasi „das Feuer der Hölle aufglühte" – Aspekt „Furcht vor dem Teufel".*

Auf diese Weise wurde dem Rezipienten die beabsichtigte Aussage (etwa das Schimärenhafte an Stalin) besonders eindringlich, d.h. sowohl auf einer intellektuell-rationalen Ebene – in diesem Fall der Text – als auch auf einer emotional-subjektiven Ebene – in diesem Fall die Bilder – vor Augen geführt.

Problematisch wird es, wenn mit der Äußerung „verdeckte Aussagen" vermittelt werden sollen:[16] Das typischste Beispiel für „verdeckte Aussagen" in den Medien ist die (derzeitige) Werbung, die von dem Konzept, Produkte zu erklären, abgerückt ist und stattdessen Produkt- bzw. Firmenimages vermittelt. Eine Werbung enthält typischerweise nicht nur die Aussage, das beworbene Produkt sei besonders „gut" und für den Rezipienten sei es erstrebenswert, es zu haben, sondern sie enthält daneben auch unterschwellige Aussagen, d.h. „verdeckte Aussagen", die das Unbewusste des Rezipienten ansprechen: Etwa wenn bei einer Werbung für einen Joghurt aus dem Off gesungen wird: *„Voll bepackt mit tollen Sachen, die das Leben schöner machen: Hinein ins Weekend-Feeling..."* und hierzu die entsprechend glückliche Familie mit glücklicher gutaussehender Ehefrau, glücklichem großem starkem Familienvater und glücklichen wohlerzogenen Kindern in einem glücklichen großen Haus gezeigt wird. Offensichtlicher noch sind die „verdeckten Aussagen" von Werbungen für diverse Aftershaves etc., bei denen sich schaubusige, highheeled Frauen verzückt den männlichen Protagonisten an den Hals werfen oder von Werbungen für Schutzsysteme für Computerdaten, in denen tough-aussehende Frauen (die Firewall repräsentierend) in figurbetonenden Outfits gegen unrasierte,

---

15 Ein unter massenpsychologischen Gesichtspunkten interessantes Phänomen: Dies beruhte nämlich vor allem darauf, dass es als „Gnade" empfunden wurde, dass der Betreffende von Stalin verschont wurde, also nicht abgeholt und ermordet, bzw. in Straflager nach Sibirien verbracht wurde.

16 Problematisch ist hier allein schon die Abgrenzung zwischen „weiteren Aussagen" und „versteckten Aussagen": Die Grenzen sind nämlich fließend, da i.d.R. „weitere Aussagen" verdeckt werden.

böse aussehende Männer (Spams, Viren, Cookies etc. repräsentierend) „für einen kämpfen"...

Eine weitere, in den Medien wichtige Form von Äußerungen, die „verdeckte Aussagen" vermitteln, sind die Stellvertreterthemen:

2. Stellvertreterthemen und die hinter ihnen „versteckten" Aussagen

In den Medien lassen sich zahlreiche Beispiele für Stellvertreterthemen finden: Der Klassiker für ein Stellvertreterthema in den Medien ist der Tod von Lady Diana, der ausgiebigst Gegenstand der Berichterstattung und den zugehörigen Kommentaren war. Die Frage ist hier nämlich, was bei der regelrechten Massenhysterie tatsächlich betrauert wurde, respektive weshalb diese Trauer in den Medien dermaßen breit dargestellt wurde.[17] Ein weiterer Klassiker sind – zumindest in gewissen Medien – die Berichte über Kinderschändungsereignisse: Ein solches Ereignis wird nämlich nicht selten zum Vorwand genommen, um kinderpornografische Bilder zeigen zu können, wenn auch mit entsprechenden Verpixelungen (die aber der Fantasie keinen nennenswerten Abbruch tun).[18]

Ein aktuelleres Beispiel für ein Stellvertreterthema findet sich z.B. in der NATIONAL GEOGRAPHIC DEUTSCHLAND 07/2003, S. 136 ff.:

Während der Plünderung bzw. Zerstörung von zahllosen Kulturgütern des iranischen Nationalmuseums in Bagdad während der Angriffe der amerikanischen Streitkräfte im Frühsommer 2003 wurde die Reportage „Schätze aus dem Zweistromland" aus dem Jahr 1991 unverändert nochmals abgedruckt.

---

17 Bemerkenswert in diesem Zusammenhang ist, dass es niemandem gelungen ist, diese „Trauer" für sich zu instrumentalisieren.

18 Hier schließt sich eine breite kriminologische Diskussion an: Anfang der neunziger Jahre wurde in den Medien über jeden Fall von sexuellem Missbrauch von Kindern (insb. wenn das Kind anschließend von dem Sexualstraftäter ermordet wurde) intensiv und sehr ausführlich berichtet, obwohl die Zahl der Fälle in der Zeit leicht rückläufig war und zudem kein wirklich „außergewöhnlicher" Fall vorkam. Hingegen gab es Ende der siebziger Jahre einen vorübergehenden, aber dennoch erschreckenden Anstieg derartiger Taten – was aber in den Medien fast nicht beachtet wurde. Damit stellt sich die Frage, unter welchen Kriterien derartige Taten für die Medien interessant werden. Reflektieren hier die Medien ein nicht immer gleich stark ausgeprägtes Bedürfnis der Gesellschaft nach sexuellen Handlungen mit Kindern (oder zumindest nach Darstellungen derartiger Handlungen), respektive sind die Medien insoweit das Mittel der Gesellschaft, diese Bedürfnisse zu befriedigen?

Die Absicht, d.h. die „verdeckte Aussage" ist offensichtlich: Der Beitrag sollte politisch sauber und unangreifbar sein; trotzdem sollte aber Stellung zu der Zerstörung der Kulturgüter des Nationalmuseums in Bagdad bezogen werden.

Ein weiteres Beispiel für ein Stellvertreterthema ist der Fall „Florida-Rolf", über den vor allem die BILD an insgesamt zehn Tagen berichtete:[19]

> *Am 16.08.2003 brachte die BILD auf Seite 1 unter der Überschrift „Sind die völlig bescheuert? – Sozialamt zahlt Wohnung am Strand" einen Bericht über „Florida-Rolf" der erfolgreich auf Übernahme seiner Miete für seine Wohnung in Florida – streitig war nur die Höhe der zu zahlenden Kosten – geklagt hatte.[20] „Florida-Rolf" war psychisch schwer erkrankt und es war ärztlich festgestellt worden, dass er einen Wechsel seines sozialen Umfelds nicht würde verkraften können. Diese Entscheidung[21] wurde als „Gaga-Urteil" kommentiert (BILD v. 18.08.2003, S. 3). Die zahlreichen Arztrechnungen und die „teuren" Medikamente des Diabetikers, die das Sozialamt bezahlte, waren im Tenor der Berichterstattung nicht Indiz einer schweren Krankheit, sondern Teil der „Abzocke", die es aufzudecken galt (BILD v. 19.08.2003, S. 8). Die Reinigung der Wohnung, die – ärztlich bestätigt – nicht selbst vorgenommen werden konnte, wurde kommentiert mit: „Glücklicher Florida-Rolf: Sozialamt zahlt sogar die Putzfrau" (BILD v. 21.08.2003, S. 1).*

Dass es hier tatsächlich nicht um das Recht geht, in besonderen Härtefällen auch im Ausland Sozialhilfe zu beziehen, sondern vielmehr um die Vermittlung „verdeckter Aussagen", hier die Artikulierung von „Sozialneid" aber auch das plakative Aufzeigen der „Unfähigkeit der Politiker", ist ohne weiteres offensichtlich. Dies ergibt sich zusätzlich auch aus den im Zusammenhang mit dieser Berichterstattung veröffentlichten Leserbriefen oder den ebenfalls veröffentlichten Kommentaren von Politikern jeglicher Couleur.

Dieses Beispiel zeigt zudem exemplarisch die Wirkungsmacht von Stellvertreterthemen: Auf diese populistische Medienkampagne hin wird jetzt wohl das Recht im Ausland unverschuldet in Not geratener Deutscher auf Sozialhilfe – ohnehin sehr restriktiv gehandhabt – drastisch eingeschränkt.[22]

---

19 Vgl. hierzu auch Thüsing, „Florida-Rolf", NJW 2003, 3246.
20 Dieser Fall wurde von der Boulevardpresse in großem Umfang aufgegriffen, so berichtete z.B. der Kölner Express über diesen Fall unter den Überschriften „Arbeitsloser hat Deutschland-Allergie" und „Meeresblick auf Kosten des Sozialamts".
21 OVG Lüneburg, NJW 2003, 3289
22 Vgl. Thüsing, NJW 2003, 3246 [3248].

Ein typisches Beispiel ist auch der Beitrag „Vergünstigungen – Was Politiker nicht bezahlen müssen" aus dem ARD-Wirtschaftmagazin PLUSMINUS, ausgestrahlt am 28.01.2003:

> *Der Beitrag „Vergünstigungen – Was Politiker nicht bezahlen müssen" beschäftigt sich mit den Pensionsansprüchen von Politikern: Es wird gezeigt, dass, wenn Politiker mehrere Positionen bekleiden, i.d.R. die Pensionsansprüche addiert werden. Dies hat zur Folge, dass Politiker innerhalb kürzester Zeiten extrem hohe Pensionsansprüche erwerben können. Es wird anhand von Beispielen vorgerechnet, dass ein Normalverdiener 152 bzw. 173 Jahre arbeiten müsste, um ähnliche Pensionsansprüche zu erwerben. Es wird gefragt, ob damit Politiker überversorgt sind. Es kommt u.a. ein Experte zu Wort, der sagt, dass Politiker ihre Altersversorgung selbst finanzieren sollten, da dies eine erzieherische Wirkung habe. Auch sollten sie ihre Spesen nicht mehr einfach über Pauschalen abrechnen. Es wird das Fazit gezogen: Politiker denken nur an ihre eigenen Vorteile; hier ist eine Gerechtigkeitslücke „par excellence" gegeben.*

Dieser Beitrag ist eigentlich für ein Wirtschaftsmagazin nicht relevant; er gewinnt aber als Stellvertreterthema[23] Relevanz: Die kaum in konkrete Formulierungen bzw. „direkte Aussagen" zu fassende aktuelle schlechte Stimmung gegenüber „den Herrschenden, Reichen und Mächtigen[24]" kann mit diesem Beitrag reflektiert werden. Gerade wenn es nicht möglich ist, konkrete Anhaltspunkte zu nennen, die Anlass des allgemein empfundenen Unwohlseins sind, werden Stellvertreterthemen aktuell.

Stellvertreterthemen eignen sich dazu, „latente" Gegenstände wie z.B. ein „allgemeines unspezifisches ungutes Gefühl" als Aussage zu vermitteln: Gerade wenn es nicht möglich ist, konkrete Anhaltspunkte zu nennen, die Anlass eines allgemein empfundenen Unwohlseins sind, werden Stellvertreterthemen wichtig, um sich dennoch zu artikulieren. Allerdings sind Stellvertreterthemen in ihrer meist pauschalisierten Negativität nicht unproblematisch; sie schlagen häufig genug in Polemik um.

Exemplarisch hierfür ist der vorstehend erwähnte Beitrag „Vergünstigungen – Was Politiker nicht bezahlen müssen": Zwar wird in diesem Beitrag nichts wirklich Bedeutendes mitgeteilt, aber die Aussage dass „man" ungerecht behandelt wird,

---

23 Unklar ist, ob dieses Stellvertreterthema bewusst als solches in die Sendung aufgenommen wurde, oder ob es einfach eine Reflektion der Stimmung der Beitragsmacher darstellt.

24 Eigentlich gehören auch „die Schönen" dazu, diese sind aber mit dem Beitrag „Vergünstigungen" diesmal nicht mit angesprochen.

wirkt z.B. kompensierend auf das stets latent vorhandene Schuldbewusstsein des Einzelnen[25], kann in gewisser Weise latente Strafbedürfnisse befriedigen und der pauschale Vorwurf, die Abgeordneten würden nur an sich selbst denken, ermöglicht es dem Einzelnen, hier seine Meinung wiederzufinden und dadurch zu dem Bewusstsein zu gelangen, mit seiner Meinung einer – Sicherheit und Schutz gewährenden – Mehrheit anzugehören.[26] Stellvertreterthemen sind damit ein wichtiges Mittel, relevante, aber schwierige Themen bzw. Gegenstände in den Medien darstellen und diskutieren zu können.

Stellvertreterthemen kommen zudem i.d.R. den Nachrichtenfaktoren[27] entgegen, d.h. den Kriterien, von denen es abhängt, wieweit eine Nachricht durchzudringen vermag. Insbesondere sind sie vorderhand – nicht jedoch hinsichtlich der eigentlichen, d.h. der „verdeckten Aussage" – eindeutig bzw. einfach („*Schröder färbt sich die Haare"*, *„Friedman kokst mit Prostituierten"* oder auch nur: *„Gaga-Urteil"*), treffen auf entsprechende Konsonanz (*„Politiker denken nur an sich"*), haben hohe Kontinuität[28], lassen sich gut personalisieren (*„Schröder", „Friedman", „Florida-Rolf"*[29]), beziehen sich meist auf Elite-Personen (*„Schröder", „Friedman"*, aber auch abstrakt: *„die Politiker"*) und vor allem kommen Stellvertreterthemen i.d.R. dem Negativismus entgegen.

Mit dem Vorgenannten kann folgende Definition des Phänomens Stellvertreterthemen formuliert werden:

Definition „Stellvertreterthemen": Stellvertreterthemen sind diejenigen Äußerungen, bei denen die „direkte Aussage" und die tatsächliche Aussage nicht mehr unmittelbar miteinander verbunden sind. Das bedeutet, dass im Zusammenhang mit der Äußerung Dinge bzw. Gegenstände diskutiert werden, die – zumindest aus Sicht eines juristisch-exegetisch denkenden Rezipienten – mit der eigentlichen Sache, d.h. der „direkten Aussage", nichts mehr zu tun haben: Die „direkte Aussage" steht nur noch „stellvertretend" für etwas anderes, verdecktes, wirklicher Inhalt der Äußerung ist vielmehr eine „verdeckte Aussage".

---

25 Vgl. beispielhaft die „Sündenbocktheorie" von Freud oder die personenbezogenen Aspekte der „Anomietheorie" nach Merton.
26 Vgl. z.B. die „Theorie von der Schweigespirale" von Noelle-Neumann, die insoweit von ähnlichen Grundannahmen ausgeht. Diese Annahmen finden sich aber auch schon in den Theorien, die sich mit dem „Unbehagen in der Gesellschaft" befassen.
27 Vgl. Schulz, Nachricht, S. 357, Tabelle: Nachrichtenfaktoren.
28 Insbesondere wohl deshalb, weil das eigentlich zu sagende gerade nicht gesagt wird und dementsprechend lange um „den heißen Brei herumgeredet" werden kann.
29 Interessant an dem Fall „Florida-Rolf" ist hierbei, dass es gar nicht um die Person „Florida-Rolf" selbst geht, sondern um „die" Politiker, Richter etc.

Das Problem, das Stellvertreterthemen folglich aufwerfen, ist, diejenige Aussage, welche durch ein Stellvertreterthema „verdeckt" wird und die dementsprechend auf den „ersten Blick" vom Rezipienten eher nur erspürt als bewusst wahrgenommen wird – die „verdeckte Aussage" – mit möglichst klaren Konturen herauszuarbeiten.

3. Demonstrationsbeispiel „Schröders Haarfarbe"

Dieses Beispiel wurde für die nachfolgenden Demonstrationen linguistischer und juristischer Analysen ausgewählt, da dieser Fall den Instanzenzug einschließlich einer (nicht angenommenen) Verfassungsbeschwerde durchlaufen hat und damit nicht nur rechtskräftig, sondern vor allem auch exemplarisch für die h.M. in der Rechtsprechung entschieden ist.

a) Sachverhalt

Die Imageberaterin Sabine Schwind von Egelstein hatte sich in einem Interview im Januar 2002 mit dem Styling des Bundeskanzlers Gerhard Schröder und des damaligen Bundeskanzlerkandidaten Edmund Stoiber beschäftigt. In diesem Interview mit dem Titel: *„Imageberaterin: Stoiber muss lockerer werden – Bilder machen Kanzler"* sagte sie u.a. über Schröder: *„Der Kanzler habe eine menschliche und sympathische Art, mit Menschen umzugehen (...) In Sachen Outfit könnte Schröder (...) jedoch noch etwas für sich tun: (...) Sein durchgehend dunkles Haar wirke zudem unglaubwürdig. Es käme seiner Überzeugungskraft zugute, wenn er sich die grauen Schläfen nicht wegtönen würde."*[30] Damit hat Schwind von Egelstein letztlich unrichtigerweise[31] behauptet, Schröder färbe sein Haar.

Diese Behauptung muss sich die Nachrichtenagentur ddp, die dieses Interview verbreitet hat, zurechnen lassen. Auf ein anwaltliches Aufforderungsschreiben zur Unterlassung der Verbreitung dieser Äußerung verbreitete die Nachrichtenagentur ddp eine „Zurückziehung" der beanstandeten Meldung und eine „Richtigstellung", in der sie u.a. ausführte, dass Schröder Wert auf die Feststellung lege, dass sein Haar weder gefärbt, noch getönt ist. Das LG Hamburg untersagte der Nachrichtenagentur ddp, die Äußerung von Schwind von Egelstein zu den angeblich gefärbten Haaren und dem dadurch bedingten Glaubwürdigkeitsverlust von Schröder zu

---

30 Dieses Interview wurde von der Nachrichtenagentur ddp am 23.01.2002 verbreitet. Sie hatte vor der Verbreitung dieses Interviews nicht bei Schröder nachgefragt, da sie diese Äußerung für plausibel und daher eine Nachfrage für entbehrlich gehalten hatte.
31 Zumindest wurde dies von den Parteien unstreitig gestellt.

verbreiten.[32] Das OLG Hamburg bestätigte diese Entscheidung,[33] das BVerfG nahm die Verfassungsbeschwerde gegen diese Entscheidungen nicht an.[34]

b) Berichterstattung in den Medien

In diversen Zeitungen wurde – mit Blick auf die von Schröder erwirkten einstweiligen Verfügungen – indirekt diskutiert, ob sich Schröder das Haar färbe oder nicht, indem über den Rechtsstreit Schröders gegen die Nachrichtenagentur ddp berichtet und dieser Streit entsprechend kommentiert wurde.

Die Frage, ob Schröder seine Haare färbe oder nicht, wurde zum Selbstläufer in der öffentlichen Diskussion, die intensiv in den Medien geführt bzw. reflektiert wurde. Sogar die englische Zeitung Daily Sun griff diese Diskussion auf – selbst um den Preis, dass sie, wegen entsprechender von Schröder erwirkter einstweiliger Verfügungen, einen Tag lang auf die Auslieferung ihrer Zeitungen nach Deutschland verzichten musste. Für eine gewisse Zeit war damit die Frage nach der Echtheit von Schröders Haarfarbe in den Medien zwar nicht schlagzeilenbestimmend, aber dennoch fast omnipräsent.

c) These

Obwohl die Echtheit der Haarfarbe von relativen und absoluten Personen der Zeitgeschichte regelmäßig in den Medien diskutiert wird, bekam nur die Frage nach der Echtheit von Schröders Haarfarbe in den Medien eine derartige Wirkung und Dynamik. Vor allem in Leserbriefen, die in den Medien wiedergegeben wurden, wurde die Frage, ob Schröder sich das Haar färbe, in einer Weise diskutiert, dass es nicht mehr um das Haar an sich ging, sondern um die Frage, ob die Politik des Bundeskanzlers Schröder „gefärbt" i.S.v. „geschönt" etc. sei.

Damit kann die These aufgestellt werden, dass es bei der Diskussion um Schröders Haarfarbe in Wahrheit um Schröders Politik als Politiker und Bundeskanzler geht, dass hinter diesem Stellvertreterthema vor allem Aussagen versteckt sind wie etwa: „Schröder beschönigt", „Schröder kaschiert", „Schröder sagt nicht die Wahrheit" etc. Auf den Punkt gebracht: Hinter dem Stellvertreterthema: *„Schröder färbt sich die Haare"* steht das eigentliche Thema:[35] *„Schröder lügt etc.*[36]*".*

---

32 Urteil des Landgerichts Hamburg vom 17.05.2002, Az.: 324 O 92/02.
33 Urteil des Hanseatischen Oberlandesgerichts vom 05.11.2002, Az.: 7 U 40/02.
34 Beschluss des Bundesverfassungsgerichts vom 26.08.2003, Az.: 1 BvR 2243/02.
35 Je nach individuellen Geschmack des jeweiligen Rezipienten kann die Formulierung mehr oder weniger drastisch ausfallen.

Für die Richtigkeit dieser These, d.h. dass hinter der Diskussion um Schröders Haarfarbe eine politische Aussage verborgen ist, die in Wahrheit in der öffentlichen Diskussion steht, spricht im Übrigen auch, dass Harald Schmidt in seiner „Harald Schmidt Show" unter Anspielung auf die Diskussion auf Schröders Politik gesagt hat: *„Die Lage ist so ernst, ich würde mich nicht wundern, wenn der Kanzler jetzt seine Haare aus Sorge grau färbt!"*[37]

4. Demonstrationsbeispiel „Affäre Friedman"

Dieses Beispiel wurde für die nachfolgenden Demonstrationen linguistischer und juristischer Analyseansätze ausgewählt, da dieser Fall zum einen in den Medien besonders ausgiebig diskutiert wurde und zum anderen sich in juristischen Fachzeitschriften mehrere Kommentatoren[38] zu Wort gemeldet haben.

a) Sachverhalt

Unter dem Pseudonym „Paolo Pinkel" soll der Frankfurter Rechtsanwalt und TV-Moderator Michel Friedman sich telefonisch bei einem osteuropäischen Zuhälter osteuropäische Prostituierte bestellt und mit diesen dann in einem Hotel Geschlechtsverkehr gehabt haben. Bei dieser Gelegenheit soll er den Prostituierten auch Kokain angeboten und selber konsumiert haben. Bei den Prostituierten handelt es sich um Ukrainerinnen, die von einem Berliner Zuhälterring illegal nach Deutschland eingeschleust worden sein sollen.

Durch Aussagen von zwei Prostituierten, die bei einer Razzia gegen Menschenhändler aufgegriffen worden waren, wurde dann die „Affäre Friedman" ins Rollen gebracht. Fahnder der Berliner Justiz durchsuchten daraufhin die Wohnung und die Kanzlei Friedmans und sollen eine geringe Menge[39] eines weißen Pulvers, bei dem es sich um Kokain handeln soll, gefunden haben.

---

36 Mit diesem „et cetera" sei ausgedrückt, dass die hinter Stellvertreterthemen verborgenen eigentlichen Aussagen eher unspezifisch und ohne feste Konturen sind.
37 Vgl.: BILD v. 09.12.2003, S. 9, Kasten: „Die lustigsten Kracher von Dirty Harry"
38 Insb.: Bertram, NJW 2003, 3027 ff. und Rautenberg, NJW 2003, 2428 ff.
39 Später wurde teilweise von einer größeren Menge gesprochen.

b) Berichterstattung in den Medien

In den Medien wurde daraufhin intensiv über Prostitution und das damit zusammenhängende Rotlichtmilieu berichtet. In diesem Zusammenhang wurde immer auch ausführlich über die Drogenaffäre des bekannten Moderators, Politikers und Mitglieds des Zentralrats der Juden Michel Friedman berichtet, wobei keineswegs nur mit den „rabiaten Methoden einer BILD-Zeitung" berichtet wurde, sondern ebenso auch mit den „treuherzigen Methoden der moralischen Erörterung".[40] Repräsentativ für die Berichterstattung über die „Affäre Friedman" sollen die nachfolgenden drei Beispiele näher betrachtet werden:

Der SPIEGEL 26/2003 machte mit dem Titelthema „Das brutale Geschäft mit den Sex-Anbieterinnen aus Osteuropa"[41] auf, und brachte u.a. den Leitartikel: „*Verkauft wie eine Kuh*" von Andrea Brandt, Renate Flottau, Almut Hielscher, Carsten Holm, Marion Kraske, Felix Kurz, Udo Ludwig, Christian Neef, Heiner Schimmöller, Caroline Schmidt, Holger Stark und Wilfried Voigt.[42] Im Lead des Artikels wird gesagt: „*Die Ermittlungen gegen Berliner Zuhälter, in die Fernsehmoderator Michel Friedman geriet, zeigen die Brutalität mit der Importware Sex: (...)*"

(Sätze 1-27) Der Beitrag beginnt mit einer Darstellung der „*Importware Sex*", d.h. einer Beschreibung der Prostitution im Allgemeinen. Insbesondere wird der Handel mit osteuropäischen Frauen beschrieben, die damit verbundenen brutalen Methoden, die in einem Fall erst durch den Einsatz der GSG 9 beendet werden konnten und die Gewinne, die mit dem Handel mit Frauen erzielt werden.

(Sätze 28-53) Dann wird beschrieben, dass nicht nur Freier der Unterschicht die Dienste illegal eingereister Prostituierter in Anspruch nehmen, sondern auch Freier der Oberschicht. Es wird dann beschrieben, dass die Prominenten den Weg in die Bordelle aus Furcht, es könnte bekannt werden, scheuen. Vielen Prominenten scheine der Dirnenbesuch in Hotels oder Zuhause sicherer. Es wird dann aber darauf hingewiesen, dass dort vor allem die „illegalen" Prostituierten arbeiten – früher waren es die Thailänderinnen, heute sind es zumeist die importierten Frauen aus

---

40 Jessen, Der Stellvertreter, Sp. 3.
41 Zum Titelthema wurde der Leitartikel „Verkauft wie eine Kuh" und die beiden Berichte „Alptraum in Disneyland" und „Das Dorf der toten Seelen" gebracht.
42 In diesem Artikel sprechen auch die Bilder der ersten Doppelseite eine deutliche Sprache: Links oben befindet sich ein Bild von einer Razzia gegen Prostituierte, oben rechts sind Werbeanzeigen aus der Berliner B.Z. für sexuelle Dienstleistungen durch Prostituierte, bezeichnet als „Schleuser-Anzeigen", abgebildet und unten rechts befindet sich ein Bild von Michel Friedman. Damit ist in diesen drei Bildern die gesamte Affäre Friedman „stichwortartig" zusammengefasst: [Michel Friedman als Protagonist] – [Bestellen von Prostituierten per Telefon] – [Razzia gegen Prostituierte (bei der dann die Affäre ans Licht kam)].

Osteuropa: *„Und damit geraten ausgerechnet Prominente wie der TV-Moderator Michel Friedman nicht nur leicht ins Umfeld der Illegalen, sondern auch auf die Zeugenliste der Polizei – ein Kollateralschaden beim Kampf gegen den Menschenhandel. So galten die Rotlicht-Ermittlungen, in denen sich der Christdemokrat Friedman jetzt peinlich verhedderte, keineswegs ihm, sondern einer hoch professionellen Schleuserbande."* Seit Ende Januar 2003 waren Fahnder den Menschenhändlern auf der Spur: Mit gefälschten polnischen Pässen sollen die Verdächtigen Ukrainerinnen, kaum eine älter als 25 Jahre, nach Berlin gebracht haben.

(Sätze 54-79) Dann folgt eine ausführlichere Beschreibung des Zuhältermilieus. Hierbei wird Friedman noch einmal in einem Nebensatz erwähnt: *„Von dort aus* (d.h. den Wohnungen, in denen die Prostituierten untergebracht wurden) *schwärmten die Ukrainerinnen Nacht für Nacht aus – offenbar auch in jene Suite in der Sicherheitsetage des Hotel Inter-Continental, in der auch Michel Friedman abgestiegen sein soll."*

(Sätze 80 ff.) Der übrige Beitrag, immerhin sieben von neun Seiten, beschreibt den Handel mit osteuropäischen Frauen und deren Prostitution, den dahinterstehenden Schicksalen der Frauen, die wirtschaftliche Not in den osteuropäischen Heimatländern, welche die Frauen jedes Risiko eingehen lässt, um in den Westen zu gelangen, die Ineffektivität der staatlichen Versuche, den Handel mit osteuropäischen Frauen zu bekämpfen etc. Über Michel Friedman, wird nach der Nennung im Lead und den beiden zitierten Passagen, nichts mehr gesagt.

Im SPIEGEL 28/2003 nahm dann Karen Duve mit ihrem Kommentar *„Drohen, schlagen, würgen"* auf den vorgenannten Leitartikel „Verkauft wie eine Kuh" Bezug – dass ergibt sich nicht zuletzt daraus, dass markante Formulierungen hier wie dort im selben Zusammenhang vorkommen – und führte die Story jetzt deutlich auf Michel Friedman bezogen fort.

(Sätze 1-3) Duve weist darauf hin, dass es eigentlich nicht überraschend sei, wenn eine bekannte Gestalt aus Film, Funk oder Fernsehen wie Friedman mit Kokain erwischt wird.

(Sätze 4-11) Duve meint, dass der bloße Umstand, dass Friedman die Dienstleistung von Huren in Anspruch genommen haben soll, ihn in den Augen der meisten nicht diskreditieren wird, da Fernsehmehrteiler wie „Der König von St. Pauli" immer noch ein folkloristisch-menschelndes Bild vom horizontalen Gewerbe verbreiten, in dem Huren mütterlich und sentimental sind und ruppige Zuhälter nur ihr goldenes Herz verbergen wollen. Auch wenn es auch jedes Mal eine gewisse Aufregung gibt, sobald sich ein Prominenter beim Bordellbesuch erwischen lässt, wird dies letztlich nur unter *„menschlich, nur allzu menschlich"* abgebucht.

(Sätze 12-27) Duve weist aber dann darauf hin, dass Friedman jedoch kein Bordell aufgesucht hat, eine Vorgehensweise, bei der noch offen bliebe, wie viele Euro der Bordellinhaber kassiert und mit Schutzgelderpressern teilt, wie viel ein möglicherweise vorhandener „Verlobter" verlangt und wie viel letztlich noch die Prostituierte erhält. Friedman hat vielmehr die Frauen per Telefon ins Hotel bestellt und den Deal nicht mit den Prostituierten selbst vereinbart. Stattdessen hat es Friedman vorgezogen, mit einem osteuropäischen Zuhälter zu telefonieren und dort seine Bestellung aufzugeben: *„Er hat sich mit dem organisierten Verbrechen eingelassen. Anders wäre die Berliner Justiz, die gegen eine ukrainisch-polnische Schleuserbande ermittelte, auch gar nicht auf ihn aufmerksam geworden."* Friedman hätte wissen müssen, dass Zuhälter auch *„gern einmal in den Waffenhandel einsteigen"*. Friedman hätte weiterhin wissen müssen, dass Frauenhändler mit Erniedrigung, mit der körperlichen und seelischen Zerstörung junger Mädchen arbeiten. Er hätte wissen müssen, dass Polinnen, Ukrainerinnen oder Russinnen nicht deswegen alles über sich ergehen lassen, weil sie *„naturgeil"* sind. Duve fragt: *„Warum bestellt Michel Friedman sein Fleisch nicht dort, wo noch hausgeschlachtet wird? Warum bestellt er beim Ukrainer?"* Sie geht zu Gunsten Friedmans davon aus, dass es nicht das Elend, das Ausgeliefertsein der Frauen ist, das ihn besonders gereizt hat, sondern dass der Zuhälter offenbar für *„Premiumware"* bürgte und dass Friedman einfach mal richtig die Puppen tanzen lassen wollte: *„Es hat ihn nicht interessiert, auf welche Weise aus einer jungen Osteuropäerin mit Illusionen über den Westen die Ware ‚zu allem bereite Prostituierte' geworden ist."*

(Sätze 28-38) Da gut die Hälfte der Frauen, die in Deutschland anschaffen gehen, aus dem Ausland kommen, habe sich Friedman nicht besser oder schlechter benommen, als abertausende deutsche Freier. Es sei daher zu fragen: *„Wie können so viele Männer in und auf Frauen ejakulieren, ohne deren Not zur Kenntnis zu nehmen? Wie können sie Erregung empfinden, wo sich Mitleid aufdrängen würde?"* Es gäbe zwar eine menschliche Neigung, hinsichtlich der inneren Maßstäbe und moralischen Grundsätze Kompromisse zu schließen, wenn man etwas sehr gern sehen, respektive nicht nur Kenntnis nehmen will. Aber vor dem Hintergrund des brutalen internationalen Frauenhandels könne man diese Bereitschaft, die Gefühle einer anderen Person konsequent zu ignorieren und durch eine Projektion zu ersetzen, die den eigenen Interessen entgegenkommt, nicht mehr als Naivität durchgehen lassen, sondern müsse sie als Realitätsverweigerung bezeichnen.

(Sätze 39-42) Nach Ansicht von Duve geht es nicht darum, ob Friedmans Argumente und Attacken in Zukunft weniger glaubwürdig sind, weil er persönlich gefehlt hat. Der Skandal sei nicht, dass Friedman als Politiker und Mann des öffentlichen Lebens sich erpressbar gemacht hat. Der eigentliche Skandal sei, dass in der Diskussion um Friedmans Verhalten etwas als menschlich, allzu menschlich dargestellt wird, was zutiefst unmenschlich ist: *„Wenn das endlich einmal in den Hirnen ankäme, hätte der umstrittene TV-Moderator – wenn auch nur in der un-*

dankbaren Rolle als Fallbeispiel – mehr erreicht, mehr aufgeklärt und aufgewühlt als in seiner ganzen bisherigen Laufbahn."

Die BILD v. 13.08.2003 brachte auf Seite 1 unter der Überschrift „*Affäre Friedman*" die Schlagzeile „*Mädchenhändler bald vor Gericht*" und berichtete im ersten Absatz (Sätze 1-2) dieser Meldung, dass die Staatsanwaltschaft Berlin Anklage gegen drei Menschenhändler erhoben hat. Die Verbindung zu Friedman wird im zweiten Absatz (Sätze 3-4) in der Weise hergestellt, dass darauf hingewiesen wird, dass zwei „*Huren*" durch ihre Aussage, Friedman habe in ihrer Gegenwart Kokain genommen, die Affäre Friedman in Gang gebracht hatten: „*– Friedman gestand und musste 17 400 Euro Strafe zahlen. (BILD berichtete)."*

c) These

Selten hat sich ein Aufreger so schnell von seinem Anlass entfernt wie im Fall der „Affäre Friedman". Manches spricht sogar dafür, dass die Medien den Fall überhaupt erst geschaffen haben, über den sie sich erregen wollten; denn die Sache selbst hätte zur öffentlichen Erregung wohl nicht gereicht: Ein Verdacht auf Konsum von Kokain und Kontakt zu osteuropäischen Prostituierten ist für eine breitere Öffentlichkeit i.d.R. uninteressant. Erst der Fall, der daraus gemacht wurde, wirft die Fragen auf, über die dann gestritten werden konnte.[43]

Damit kann die These aufgestellt werden, dass es bei der Diskussion um die Affäre Friedman auf jeden Fall (noch) um etwas anderes geht, als um die Tatsache, dass „Friedman mit Prostituierten in einem Hotelzimmer gekokst hat". Weiterhin legt die Verbindung dieser Diskussion mit anderen negativen Themen, hier vor allem das Thema „Zwang zur Prostitution", nahe, dass die eigentliche, die „verdeckte Aussage" ebenfalls etwas Negatives ist. Letztlich ist es ebenfalls wahrscheinlich, dass die durch das Stellvertreterthema „verdeckte Aussage" vor allem auf der emotionalen Ebene angesiedelt ist, zum einen weil der Kontext sich vor allem durch Negativität charakterisiert und zum anderen weil sich den Rezipienten – anders als etwa im Beispiel „Schröders Haarfarbe" – kein anderes, verdecktes Thema ohne weiteres offenbart oder gar aufdrängt. Auf den Punkt gebracht: Hinter dem Stellvertreterthema: „*Friedman kokst mit Prostituierten*" steht das eigentliche Thema:[44] „*Friedman ist ein [Kraftwort]*[45]".

---

43 Vgl. Jessen, a.a.O., Sp. 1, Jessens Wahl des Titels „Der Stellvertreter" für seinen Beitrag ist im Übrigen bezeichnend!

44 Je nach individuellen Geschmack des jeweiligen Rezipienten kann die Formulierung mehr oder weniger drastisch ausfallen.

45 Der hier zu ergänzende Kraftausdruck ist abhängig von Temperament und Erziehung des je-

II. Linguistische Analyse

1. Ansätze linguistischer Analysen von Äußerungen

Eine Äußerung ist eine komplexe sprachliche Handlung. Um sie aufzuschlüsseln, d.h. die in ihr enthaltenen Aussagen greifbar zu machen, ist bei der Funktion der Äußerung, der grammatischen Wiederaufnahmestruktur, der Themenstruktur und den Sprachbildern anzusetzen. Von diesen Ansätzen ausgehend können dann Indizien formuliert werden, bei deren Vorliegen es wahrscheinlich ist, dass hinter der zu untersuchenden Äußerung eine oder mehrere Äußerungen versteckt sind. Letztlich klären lässt sich dies aber nur durch Interpretation der Äußerung:

a) Analyse der Funktion einer Äußerung

Eine Äußerung ist eine sprachliche Handlung, die in eine konkrete Kommunikationssituation eingebettet und für eine bestimmte kommunikative Funktion konstitutiv ist. Diese Kommunikationsfunktion wird auch als „Textfunktion"[46] bzw. hier als „Funktion der Äußerung" bezeichnet. Die „Textfunktion" bzw. die „Funktion der Äußerung" ist zunächst der Sinn bzw. Zweck, den eine Äußerung im Rahmen einer Kommunikationssituation erfüllt. Dies lässt sich weiter präzisieren, indem die Funktion der Äußerung als die in der Kommunikationsgemeinschaft mit verbindlich festgelegten Mitteln ausgedrückte Kommunikationsabsicht des Emittenten definiert wird.[47] Es geht also um die Absicht des Emittenten, die der Rezipient erkennen soll, bzw. um die Anweisung des Emittenten an den Rezipienten, als was die betreffende Aussage insgesamt aufgefasst werden soll, etwa z.B. als informierende oder als appellierende Äußerung.[48]

Für die Bestimmung der Funktion der Äußerung ist allein entscheidend, was der Emittent zu erkennen geben will, indem er sich auf bestimmte Regeln (Konventio-

---

weiligen Rezipienten. Gleichzeitig soll damit angedeutet werden, dass die hinter Stellvertreterthemen verborgenen eigentlichen Aussagen eher unspezifisch und ohne feste Konturen sind.

46 Brinker (1), a.a.O., S. 81 ff.; Brinker (2), Textfunktionale Analyse, S. 175.
47 Brinker (1), a.a.O., S. 93 f.; Brinker (2), a.a.O., S. 175 f.; Große, Text und Kommunikation, S. 26 ff.
48 Brinker (2), a.a.O., S. 176; Große, Text und Kommunikation, S. 26.

nen) sprachlicher und kommunikativer Art bezieht.[49] Wer ein Sachbuch oder ein Lehrbuch schreibt, will, dass die Rezipienten informiert werden. Wer einen Zeitungskommentar schreibt, will die Rezipienten durch Argumente überzeugen. Wer einen Werbetext schreibt, will die Rezipienten zum Kauf des Produktes überreden. Wer einen Roman schreibt, will gegenüber den Rezipienten seine individuelle Sichtweise eines Sachverhaltes oder Problems mitteilen.

Damit ergeben sich nach Searle vier Funktionen einer Äußerung: Informieren, Überzeugen, Überreden und Zum-Ausdruck-Bringen.[50] Nach Brinker ergeben sich fünf Funktionen einer Äußerung:[51]

- Informationsfunktion: Der Emittent gibt dem Rezipienten zu verstehen, dass er ihm ein Wissen vermitteln, ihn über etwas informieren will.

- Appellfunktion: Der Emittent gibt dem Rezipienten zu verstehen, dass er ihn dazu bewegen will, eine bestimmte Einstellung einer Sache gegenüber einzunehmen (Meinungsbeeinflussung) und/oder eine bestimmte Handlung zu vollziehen (Verhaltensbeeinflussung).

- Obligationsfunktion: Der Emittent gibt dem Rezipienten zu verstehen, dass er sich ihm gegenüber verpflichtet, eine bestimmte Handlung zu vollziehen.

- Kontaktfunktion: Der Emittent gibt dem Rezipienten zu verstehen, dass es ihm um die personale Beziehung zum Rezipienten geht.

- Deklarationsfunktion: Der Emittent gibt dem Rezipienten zu verstehen, dass die Äußerung eine neue Realität schafft, d.h. dass die (erfolgreiche) Äußerung die Einführung eines bestimmten institutionellen Faktums bedeutet.

Wenn der Emittent den Rezipienten informieren, ihm gegenüber eine Obliegenheit übernehmen oder zu ihm Kontakt aufnehmen will, wird er die mit der Äußerung beabsichtigte Aussage eher nicht hinter einem Stellvertreterthema verstecken. Etwas anderes kann aber gegeben sein, wenn die Funktion der Äußerung ein Appell oder ein Deklarieren eines neuen Faktums ist. Es kann somit als ein erstes Indiz für das Vorliegen eines Stellvertreterthemas gelten:

> **Indiz aus der Funktion der Äußerung für Stellvertreterthemen:** Wenn die Funktion einer Äußerung ein Appell oder ein Deklarieren eines neuen Faktums ist, ist in Betracht zu ziehen, dass dieser Appell bzw. diese Deklaration nicht in allen ihren Aspekten offen formuliert ist, sondern dass zumindest ein Teil der Aussagen hinter einem Stellvertreterthema versteckt sein könnte.

---

49 Brinker (1), a.a.O., S. 131 ff.; Brinker (2), a.a.O., S. 176.
50 Eckert, a.a.O., S. 115, m.w.N.

Bei der analytischen Bestimmung der Funktion der Äußerung ist zunächst an die konventionellen sprachlichen bzw. grammatikalischen Mittel der Äußerung als Indikatoren anzuknüpfen, die – wenn auch nicht immer eindeutig – dazu dienen, den Typ einer sprachlichen Handlung anzuzeigen. Außerdem ist jede sprachliche Handlung in einen Handlungs- bzw. Situationszusammenhang eingebettet; es sind deshalb auch Indikatoren aus dem Kontext einschließlich des Hintergrundwissens des Rezipienten zu berücksichtigen. In vielen Fällen kann überhaupt nur aufgrund der Informationen aus dem Kontext entschieden werden, welche Funktion tatsächlich beabsichtigt ist.[52] Es sind also textuelle und kontextuelle Indikatoren zu unterscheiden:

Textuelle Indikatoren sind neben den grammatischen Einheiten und Strukturen vor allem die Art des Themas der Äußerung, die Auswahl und Anordnung der Teilthemen, die Wahl des thematischen Entfaltungsmusters sowie die sprachlich-stilistische Ausformung der Themen und Muster. Eine wichtige Rolle spielt in diesem Zusammenhang die Einstellung des Emittenten zum Inhalt bzw. Thema der Äußerung. So kann sich der Emittent z.B. über die Wahrheit oder Wahrscheinlichkeit des Inhalts der Äußerung äußern und den Sicherheitsgrad seines Wissens angeben; er kann seine (positive oder negative) Wertung, den Grad seines Interesses oder seine psychische Haltung gegenüber dem Inhalt bzw. dem Thema der Äußerung signalisieren. Bezüglich der Beziehungen zwischen Funktion der Äußerung und thematischer Einstellung kann angenommen werden, dass Funktion der Äußerung und Einstellung des Emittenten zum Thema insofern aufeinander bezogen sind, als sich bestimmte Einstellungen mit bestimmten Funktionen der Äußerung leichter (oder schwerer) verbinden lassen als mit anderen.[53]

Kontextuelle Indikatoren betreffen einerseits die Einordnung der Äußerung in umfassendere sprachliche Zusammenhänge (etwa bei Zeitungstexten in bestimmte Rubriken mit entsprechenden Überschriften), andererseits die mediale und situative Einbettung und den institutionellen Rahmen der Äußerung (z.B.: Zeitungstext). Der Kontext ist i.d.R. maßgeblich für die Analyse der Funktion einer Äußerung.[54]

b) Analyse der grammatischen Wiederaufnahmestruktur

Eine Äußerung kann als eine zusammenhängende Folge von Sätzen definiert werden. Die sprachliche Einheit „Satz" konstituiert sich aus einem Verb (Prädikat) als

---

51 Brinker (2), a.a.O., S. 176.
52 Brinker (2), a.a.O., S. 179, m.w.N.
53 Brinker (2), a.a.O., S. 180: Es ist aber nicht anzunehmen, dass zwischen Funktionen der Äußerung und Einstellungen des Emittenten zum Thema ein unmittelbares Verhältnis besteht.
54 Brinker (2), a.a.O., S. 180 f.

dem strukturellen Zentrum und einer Reihe von Satzgliedpositionen, die jeweils in bestimmten Abhängigkeitsrelationen zum „tragenden" Verb stehen. Die hierauf bezogene zusammenhängende Folge bezieht sich auf die syntaktisch-semantische Verknüpfung zwischen sprachlichen Einheiten in aufeinanderfolgenden Sätzen eines Textes. Das wichtigste – wenn auch nicht das einzigste – Mittel der syntaktisch-semantischen Verknüpfung von Sätzen zu einer Äußerung ist die Wiederaufnahme.[55] Hierbei ist zwischen expliziter und implizierter Wiederaufnahme zu unterscheiden:

Die explizite Wiederaufnahme besteht in einer Referenzidentität bestimmter Ausdrücke in aufeinander folgenden Sätzen einer Äußerung; ein bestimmter Ausdruck wird durch einen entsprechenden Ausdruck in einem Folgesatz in Referenzidentität wieder aufgenommen. „Referenzidentität" meint hier also, dass sich der wiederaufgenommene Ausdruck (Bezugsausdruck B_n) und der wiederaufnehmende Ausdruck (Wiederaufnahmeausdruck W_n) auf das gleiche außersprachliche Objekt (Referenzträger) beziehen.[56] Beispiel:

Michel Friedman (B_F) ↔ *er* (W_F) – *der bekannte TV-Moderator* (W_F)

Der durch ein Substantiv benannte Referenzträger „Michel Friedman" (Bezugsausdruck B_F) ist durch das Pronomen „*er*" und die Bezeichnung „*der bekannte TV-Moderator*" (Wiederaufnahmeausdrücke W_F) wiederaufgenommen worden.

Die implizite Wiederaufnahme ist im Gegensatz zur expliziten Wiederaufnahme dadurch charakterisiert, dass zwischen dem wiederaufnehmenden Ausdruck (W_n) und dem wiederaufgenommenen Ausdruck, dem Bezugsausdruck (B_n) keine Referenzidentität vorliegt. Beide Ausdrücke beziehen sich auf verschiedene Referenzträger, d.h. es wird von verschiedenen Gegenständen gesprochen; zwischen diesen bestehen aber bestimmte, in der Sprachkompetenz verankerte semantische Beziehungen. Beispiel:

Michel Friedman (B_F) ↔ *Männer, die in und auf Frauen ejakulieren* (W_F)

Ein Zwischensatz, der eine Verbindung zwischen „*Männer, die in und auf Frauen ejakulieren*" und „*Michel Friedman*" herstellt, ist nicht notwendig, weil durch den Textzusammenhang für den Rezipienten die Wiederaufnahme ersichtlich ist und weil zudem eine begriffliche Nähe besteht.[57]

In der Häufigkeit der verschiedenen Wiederaufnahmen manifestieren sich die zentralen Gegenstände der Äußerung: Wenn in einem zweiten Äußerungsabschnitt der erste Äußerungsgegenstand zurück tritt und neue Äußerungsgegenstände eingeführt werden, zeigt diese Modifikation der Wiederaufnahmeverhältnisse, dass eine

---

55 Brinker (3), Textstrukturanalyse, S. 165 m.w.N.
56 Brinker (3), a.a.O., S. 166.
57 Brinker (3), a.a.O., S. 166 f.

Verschiebung in der thematischen Perspektive gegeben ist.[58] Dementsprechend kann als ein zweites Indiz für das Vorliegen eines Stellvertreterthemas gelten:

> **Indiz aus der Wiederholungsstruktur für Stellvertreterthemen:** Wenn bei einer Modifikation der Wiederaufnahmeverhältnisse gleichwohl der ursprüngliche Textgegenstand für die Textaussage dominant bleibt (z.B. weil er in der Überschrift genannt ist), dann ist es möglich, dass der ursprüngliche Textgegenstand ein Stellvertreterthema und einer der anderen Textgegenstände das eigentliche Thema ist.

Die analytische Bestimmung der Wideraufnahmestruktur kann in der Weise vorgenommen werden, dass man in einem ersten Schritt die Bezugsausdrücke (B_n) bestimmt. Bei längeren Äußerungen empfiehlt es sich, hierbei eine Auswahl zu treffen und sich auf die wichtigsten zu beschränken.

In einem zweiten Schritt ist dann die Satz/Wiederaufnahmerelation bzw. bei längeren Äußerungen die Segment/Wiederaufnahmerelation grafisch zu erstellen, in dem z.B. in einem Koordinatensystem auf der vertikalen Achse die Sätze bzw. Segmente angeordnet und auf der horizontalen Achse die Bezugsausdrücke (B_n) in der Reihenfolge des Vorkommens im Text und die zugehörigen Wiederaufnahmen (W_n) angeordnet werden.

In einem dritten Schritt sind dann die Bezugsausdrücke (B_n) und die Wiederaufnahmeausdrücke (W_n) mit Pfeilen, z.B. ⟶, miteinander zu verbinden. Bei der Ermittlung von Stellvertreterthemen und der durch diese verdeckten eigentlichen Aussagen empfiehlt es sich, von der Argumentationslinie her nicht unbedingt erforderliche Wiederaufnahmen durch anders gestaltete Pfeile, z.B. ⇢, gesondert zu kennzeichnen.

c) Analyse der Themenstruktur

Äußerungen haben Themen, d.h. sie handeln von etwas. Manche Themen interessieren, und wenn man über sie etwas Neues erfahren kann, tut man das. Dementsprechend kann gesagt werden, dass Thema den Gegenstand der Äußerung und Rhema das Neue, also dasjenige, das über das Thema zu sagen ist, bezeichnen.[59]

Das Thema wird als Kern des Äußerungsinhalts definiert, wobei „Äußerungsinhalt" den auf einen oder mehrere Gegenstände bezogenen Gedankengang der Äußerung bezeichnet. Das Thema der Äußerung (als Inhaltskern) bezieht sich nicht nur auf den kommunikativen Hauptgegenstand einer Äußerung (den dominieren-

---

58 Brinker (3), a.a.O., S. 168.
59 Hoffmann, Thema, Themenentfaltung, Makrostruktur, S. 344.

den Referenzträger), sondern umfasst auch den Grund- oder Leitgedanken einer Äußerung. Ein solcher Thema-Begriff entspricht auch dem Alltagskonzept von „Thema".[60] Das Thema einer Äußerung ist entweder in einem Äußerungssegment realisiert, oder es muss erst aus dem Äußerungsinhalt abstrahiert werden, indem der Rezipient den Gesamtinhalt auf eine „knappe Formel"[61] bringt.[62] Das Thema ist der kommunikativ konstituierende Gegenstand oder Sachverhalt, von dem in einer Äußerung fortlaufend die Rede ist. Das, wovon die Rede ist, ist den beteiligten Akteuren präsent oder zumindest als präsent zu erwarten. Es muss zuvor verbalisiert sein oder sich im aktuellen Aufmerksamkeitsbereich befinden und bildet einen Bereich kontinuierlicher Orientierung.[63]

Das Thema kann nicht mechanisch bestimmt werden, sondern nur durch Interpretation auf der Basis gemeinsamen Wissens. Dieses Wissen erstreckt sich auf die Eigenschaften eines Gegenstandes, die zu seiner Bestimmung genutzt werden können.[64] Beispiele:

Gerhard Schröder ↔ Bundeskanzler
Michel Friedman ↔ Moderator – Rechtsanwalt – Jude etc.

Ferner erstreckt sich dies auf Zusammenhänge zwischen Bild- und Sachbereiche, die für metaphorische oder metonymische Sprachverwendungen und Ausdrucksvariationen relevant sind.[65] Beispiel:

Gerhard Schröder ↔ „Medienkanzler"

Das Thema bestimmt sich nach der so genannten Thematizitätsbedingung: Wenn über einen Gegenstand oder Sachverhalt etwas gesagt wird, so ist damit zugleich auch etwas über ein Thema gesagt. Damit sind auch Fälle zu erfassen, in denen über einen Gegenstand oder Sachverhalt etwas gesagt wird, indem über seine Teile etwas gesagt wird, d.h. ein Thema über Subthemen abgehandelt wird. Ausgangspunkt bleibt aber, dass ein und derselbe kommunikativ konstituierte Gegenstand oder Sachverhalt fortgeführt wird. Sprachlich geschieht dies insb. mit dem Mittel der Anapher.[66] Die Thematizität eines Ausdrucks stellt sich immer erst rückbli-

---

60 Brinker verweist hier auf die Wendungen: „Über ein Thema diskutieren.", „Das Thema verfehlen." oder „Vom Thema abkommen."
61 Bezogen auf die in dieser Untersuchung betrachteten Demonstrationsbeispiele: Die „knappen Formeln" der Stellvertreterthemen lauten: *„Schröder färbt sich die Haare"* bzw.: *„Friedman kokst mit Prostituierten"* und die „knappen Formeln" der eigentlichen Themen lauten: *„Schröder lügt"* bzw.: *„Friedman ist ein [Kraftwort]"*.
62 Brinker (3), a.a.O., 169.
63 Hoffmann, a.a.O., S. 350.
64 Hoffmann, a.a.O., S. 350.
65 Hoffmann, a.a.O., S. 350.
66 Bezeichnung gebildet aus dem griechische Begriff ana-pherein: heraufholen, zurückführen und

ckend heraus, indem das Gesagte mit dem zuvor Gesagtem oder Gegenständen durchgängiger Orientierung in Verbindung gebracht wird; isoliert von der Umgebung und vom aufgebauten gemeinsamen Wissen lässt sich ein Thema nicht bestimmen.[67] Ein Rhema ist dementsprechend[68] das, was lokal über ein Thema gesagt wird. Ein sprachlicher Ausdruck wird dann rhematisch verwendet, wenn damit ein Beitrag zur Konstitution des Rhemas geleistet wird.[69]

Durch den Akt der Thematisierung kann etwas erstmalig oder erneut zum Thema gemacht und dann fortgeführt werden: Gerade in Texten werden Themen aber auch ohne explizite Markierung – quasi en passant – eingeführt.[70] Der inhaltliche Fortgang der Äußerung besteht darin, dass über Themen rhematische Informationen angehäuft und systematisch ins Wissen des Rezipienten integriert werden. Die Themen markieren gewissermaßen die Stellen, an denen neue Informationen abgelegt sind. Dies geschieht im einfachsten Fall so, dass die Synthese von Subjekt und Prädikat im Satz der Thema-Rhema-Gliederung entspricht:

[*Gerhard Schröder*]$_{Thema}$ [*färbt sich das Haar*]$_{Rhema}$

Eine Thema-Rhema-Einheit besteht aus einem (oder mehreren) Themen und einem ihnen zugeordneten Rhema. Das Vorhandensein mehrerer Rhemata impliziert also die Annahme mehrerer Thema-Rhema-Einheiten. Mit dem Akt der Themafortführung werden die Rezipienten kontinuierlich auf einen spezifischen Sachverhalt oder Gegenstand orientiert.[71] Dementsprechend kann dann als ein drittes Indiz für das Vorliegen eines Stellvertreterthemas gelten:

> **Indiz aus der Themenstruktur für Stellvertreterthemen:** Wenn die überwiegende Zahl der Rhemen sich nicht auf das Hauptthema, sondern auf Unter- bzw. Nebenthemen beziehen (und eigentlich auch nicht wirklich zum Hauptthema passen), dann ist es wahrscheinlich, dass das Hauptthema tatsächlich nur ein Stellvertreterthema ist und eines der Unter- bzw. Nebenthemen das tatsächliche Thema ist.

---

meint, dass mehrere Sätze gefühlsverstärkend mit den gleichen Worten beginnen, vgl. Braak, Poetik in Stichworten, S. 65.

67 Hoffmann, a.a.O., S. 350 f.
68 Das heißt komplementär zu dem Vorgenannten und in Anknüpfung an die ursprüngliche Bedeutung des Begriffs „Rhema".
69 Hoffmann, a.a.O., S. 351.
70 Hoffmann, a.a.O., S. 351.
71 Hoffmann, a.a.O., S. 352 f.: Die Themenentwicklung ist aber nicht ohne weiteres mit der Thematisierung zu identifizieren; hierbei handelt sich um denjenigen Akt, mit dem von einem Thema zu einem weiteren Thema übergegangen wird, welches sich von dem ersten Thema unterscheidet, aber dennoch mit ihm verknüpft oder wenigstens in einen gemeinsamen Rahmen einzuordnen ist.

Die analytische Bestimmung des Themas beruht auf interpretativen Verfahren, es gibt keine „mechanische Prozedur", die nach endlich vielen Schritten sozusagen automatisch zur „richtigen" Themenformulierung führt. Die Bestimmung des Themas ist vielmehr abhängig vom Gesamtverständnis, das der Rezipient von der Aussage gewinnt. Dieses Gesamtverständnis ist entscheidend von der kommunikativen Absicht bestimmt, die der Rezipient beim Emittenten vermutet.[72]

Auch wenn keine formalen Operationen angegeben werden können, deren korrekte Anwendung eine adäquate Themenbestimmung garantiert, so lassen sich doch einige Prinzipien formulieren, an denen sich die Themenanalyse orientieren kann. Es handelt sich dabei vor allem um das bereits dargestellte Wiederaufnahmeprinzip, das besagt, dass bei der analytischen Bestimmung des Themas von den zentralen Äußerungsgegenständen ausgegangen werden kann, wie sie sich in den Bezugsausdrücken (B_n) und den Wiederaufnahmeausdrücken (W_n) manifestieren.[73] Die Wiederaufnahmestruktur fungiert als Trägerstruktur für die thematischen Zusammenhänge einer Äußerung; sie drückt den thematischen Fortgang und die Orientierung der Äußerung aus. Auch wenn zwischen Wiederaufnahmestruktur und thematischer Gliederung prinzipiell keine unmittelbare Beziehung angenommen werden kann, so stellt die Analyse der Wiederaufnahmerelationen eine wichtige Voraussetzung der thematischen Äußerungsstruktur dar.

Eine mediale Äußerung enthält häufig mehrere Themen, die allerdings jeweils einen unterschiedlichen thematischen Stellenwert besitzen, so dass eine Art Themenhierarchie entsteht. Eine Differenzierung zwischen dem Hauptthema und den Nebenthemen kann mit Hilfe der beiden folgenden Prinzipien erfolgen:[74]

- Kompatibilitätsprinzip: Da sich Thema und kommunikative Funktion bis zu einem gewissen Grad gegenseitig bedingen, gilt als Hauptthema der Äußerung das Thema, das sich am besten mit der aufgrund einer pragmatischen Analyse ermittelten Funktion der Äußerung verträgt.

- Ableitbarkeitsprinzip: Als Hauptthema einer Äußerung ist das Thema zu betrachten, aus dem sich die anderen Themen am überzeugendsten (bezogen auf das jeweilige Textverständnis) ‚ableiten' lassen.

d) Analyse der Sprachbilder

„Weitere Aussagen" lassen sich i.d.R. nicht direkt artikulieren. Um aber auch diese Aussagen an den Rezipienten vermitteln zu können, kann sich der Emittent ver-

---

72 Brinker (3), a.a.O., 169.
73 Brinker (3), a.a.O., 169 f.
74 Brinker (1), Linguistische Textanalyse, S. 56 ff; Brinker (3), a.a.O., 170.

schiedener sprachlicher Mittel, insb. Sprachbilder, bedienen. Zur Verdeutlichung dessen, wie man sich die Vermittlung „weitere Aussagen" durch Sprachbilder vorstellen kann, soll folgende Abbildung dienen:[75]

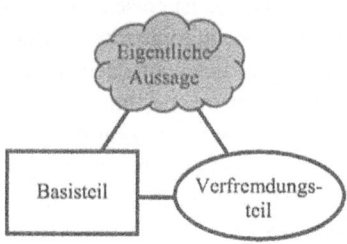

Seit Aristoteles wird eine Umschreibung von Etwas, was man sprachlich nicht direkt fassen kann – die eigentliche Aussage – wie folgt aufgebaut: Man nehme einen allgemeinen Oberbegriff des gesuchten Begriffs, der wie „hinter einer Wolke nicht zu sehen" ist und konkretisiere das Ganze in die gewünschte „Richtung", indem man einen den verborgenen Begriff näher beschreibenden bzw. konkretisierenden Unterbegriff hinzufügt.[76] Nach dem selben Schema kann auch eine „weitere Aussage" mittels eines Sprachbildes – dies wäre dann die eigentliche Aussage, die „hinter einer Wolke unsichtbar" ist – indirekt artikuliert werden: Man nehme als Ausgangslage einen Begriff, welcher thematisch und begrifflich in den Kontext passt – das Basisteil – und gebe ihm eine neue Bedeutungsrichtung, indem man diesem einen Begriff beistellt, der thematisch bzw. sachlich an sich nicht in den Kontext passt – das Verfremdungsteil –, so dass das Basisteil durch diese Zusammenstellung eine neue Bedeutungsrichtung erhält. Beispiel:

[*Schwarze*]$_{\text{Verfremdungsteil}}$ [*Milch*]$_{\text{Basisteil}}$[77]

Diese beiden Teile zusammen ergeben dann indirekt die gesuchte eigentliche und nicht direkt artikulierbare Aussage.[78]

Das Verfremdungsteil kann auch eine Akyrologie[79] sein. Der Begriff „Akyrologie" bündelt alle Ausdrucksmittel übertragener bzw. uneigentlicher Rede. Das ur-

---

75 Abbildung aus: Eckert, a.a.O., S. 151.
76 Dies ist das Grundschema zur Bildung einer Definition.
77 Paul Celan, Todesfuge: „*Schwarze Milch der Frühe, wir trinken dich morgens, wir trinken dich mittags...*"
78 Eckert, a.a.O., S. 151 f.
79 Diese Bezeichnung ist gebildet aus den griechischen Begriffen akyros: ungültig, uneigentlich, und logos: das Wort, die Rede. Sie bezeichnet innerhalb der Lehre von den Tropen den Aspekt der „uneigentlichen Verwendung" von Begriffen (Metaphern, Metonymien, Bilder) vgl. Braak,

sprüngliche direkte Sprechen[80] verwendet die direkte Bezeichnung, wo das erweiternde Referieren eine „verblümte" Ausdrucksweise „bildet", indem es dieselbe Sache indirekt anredet. Beispiele:

„Bulle" für „Polizist" – „Zinker" für „Denunziant aus dem kriminellen Milieu" – „Knisterer" für „Geldfälscher" – „Zappler" für „zu Straftaten neigender Jugendlicher" – „eine Bank machen" für „Raubüberfall auf eine Bank" etc.

Das akyrologische Ergebnis zeigt: Man hat sich eines semantisch „eigentlich" woanders zugeordneten Begriffs bedient (sic: uneigentliche Rede). Der natürlichsprachliche Begriff – etwa „Bulle" – ist situationsabhängig akyrologisch eingesetzt und deshalb nur im Zusammenhang der Äußerung verständlich, nicht aber isoliert; ohne Kontext bleibt „Bulle" das männliche Rind, der Zuchtstier – so ist der Begriff schließlich semantisch belegt. Die Begriffe „Bulle" und „Polizist" sind ein natürlicher Widerspruch, wenn man sie „beim Wort" nimmt: Ein Polizist als Ordnungshüter ist natürlicherweise kein Bulle, kann aber dennoch so bezeichnet werden, weil die sprachliche Übereinkunft es so will.[81]

Diese sprachliche Übereinkunft kann auch individuell auf eine bestimmte Situation hin getroffen werden mit der Folge, dass sie nur den konkret Eingeweihten bekannt ist. Beispiel:

„Er hat bei ihr noch einen Koffer stehen."

Zunächst bedeutet dieser Satz nur, dass ein nicht näher bestimmter Jemand einen Koffer bei einer weiblichen Person untergestellt, vergessen etc. hat. Dieser Satz kann aber durch einen bestimmten – als bekannt vorauszusetzenden – situativen Kontext eine völlig andere Bedeutung erhalten, etwa dahingehend, dass dieser Jemand zu seiner Ex-Freundin nach wie vor, d.h. trotz Trennung, eine sexuelle Beziehung unterhält.[82]

Dementsprechend kann dann als ein viertes Indiz für das Vorliegen eines Stellvertreterthemas gelten:

---

a.a.O., S. 42 f. bzw. fasst die Ausdrucksmittel zu übertragener, d.h. uneigentlicher Rede zusammen, vgl. Harjung, Lexikon der Sprachkunst, S. 32. Die Akyrologie wird auch impropia dictio genannt.

80 Gemeint ist das kindgemäße Sprechen, auch plaintalk oder propia dictio genannt.
81 Harjung, a.a.O., S. 32 f.; Braak, a.a.O., S. 43.
82 Dies ist wohl eine insb. in Rheinhessen vorkommende Analogie zu dem Lied von Marlene Dietrich: „Ich hab' noch einen Koffer in Berlin".

> **Sprachbilder als Indiz für Stellvertreterthemen:** Wenn in einer Aussage Sprachbilder verwendet werden, also Formulierungen, die tatsächlich etwas anderes aussagen, als das, was ihr grammatischer Wortlaut hergibt, (und das hierzu verwendete Verfremdungsteil zudem eine Akyrologie ist,) dann kann die eigentliche Aussage eine andere sein, als die sich rein grammatisch ergebende. Letztere wäre dann nur ein Stellvertreterthema.

Die analytische Bestimmung der Aussage von Sprachbildern ist letztlich das Problem, wieso Sprachbilder von den meisten Rezipienten, zumindest im Wesentlichen, verstanden werden. Hierzu gibt es eine Reihe von Erklärungen; die überzeugendsten sind diejenigen, die darauf abstellen, dass die anthropologische Ausgangslage der Menschen in den wesentlichen Punkten, insb. hinsichtlich der Fähigkeit unklare oder unvollständige Wahrnehmungen in einen zutreffenden Zusammenhang bringen zu können, i.d.R. gleich sind.

Am einfachsten kann man sich dies anhand der nachstehenden grafischen Darstellung einer optischen Täuschung veranschaulichen:

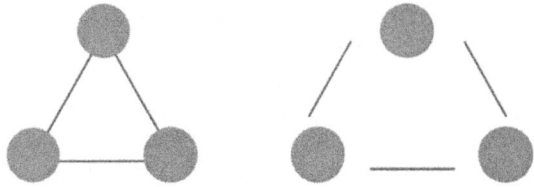

Wenn man sich zunächst die linke Abbildung ansieht, so meint man – jedenfalls laut Theorie – ein Dreieck zu sehen, dessen Spitzen von dunklen runden Scheiben überdeckt sind. Wenn man dieses Bild aber nun „aufschlüsselt", wie in der rechten Abbildung, so wird deutlich, dass das Bild genau genommen nur aus drei dunklen Scheiben und drei Strichen besteht. Das Dreieck, das man in der linken Abbildung zu sehen glaubt, existiert nur in der jeweiligen Vorstellung. Das bedeutet: Die menschliche Fantasie ist in der Lage, aus unvollständigen oder widersprüchlichen (Sinnes-)Informationen ein komplexes vervollständigtes Bild zusammenzusetzen.[83]

---

[83] Dies ist eine jedem Menschen angeborene Fähigkeit: Vor unendlichen Zeiten, als der Mensch noch völlig ungeschützt in und mit der Natur lebte, war es für ihn eine Frage des nackten Überlebens, ob er aus etwas, das er nur flüchtig wahrgenommen hat – z. B. schwarzbraune Streifen auf gelbbraunem Untergrund zwischen der ansonsten grünen Natur oder ein fauchendes Geräusch – die richtigen Schlussfolgerungen durch eine Vervollständigung der Wahrnehmung mittels seiner Fantasie ziehen konnte. Gelang das nicht, so war die mögliche Folge – zumindest in dem hier angedeuteten Beispiel – dass er von einem Tiger überrascht und gefressen wurde.

In genau derselben Art und Weise wird auch die durch „weitere Inhalte" mitgeteilte Information durch die Fantasie vervollständigt und damit vollständig verständlich.

Aus dem Vorgenannten folgt, dass man sich bei der Analyse von Sprachbildern fragen muss, aus welchen Bestandteilen eine Äußerung besteht, wieso der Emittent diese und keine andere Formulierung gewählt hat und was diese Äußerung beim Rezipienten (d.h. in einem selber) an Assoziationen hervorruft.

e) Wahre Absicht des Emittenten und Wirkung auf den Rezipienten

Von der Funktion der Äußerung ist die „wahre Absicht" des Emittenten zu unterscheiden. Die Funktion der Äußerung ist außerdem von der Wirkung abzugrenzen, die der Text auf den Rezipienten ausübt:[84]

Die wahre Absicht des Emittenten, die „geheime Intention" kann zwar der Funktion der Äußerung entsprechen; sie muss aber nicht mit ihr übereinstimmen. So ist z.B. für eine Zeitungsnachricht die informative Funktion der Äußerung bestimmend, auch wenn der Emittent insgeheim noch eine persuasive (~ überredende) Absicht[85] verfolgt. Für die Bestimmung der Funktion der Äußerung ist allein entscheidend, was der Emittent zu erkennen geben will, indem er sich auf bestimmte Regeln (Konventionen) sprachlicher und kommunikativer Art bezieht. Das Bedeutet z.B. im Fall einer Zeitungsnachricht, dass es um „deskriptiven Informationstransfer" geht. Ob der Rezipient auch die „geheime Intention" des Emittenten – die auch unbewusst sein kann – herausfindet, hängt auch davon ab, ob in der Äußerung selbst bestimmte Indizien für eine solche Absicht vorhanden sind, ob Vergleiche mit verwandten Äußerungen[86] Anhaltspunkte in dieser Richtung liefern oder ob dem Rezipienten noch zusätzliche Informationen über den Emittenten (bzw. über den dargestellten Sachverhalt) zur Verfügung stehen.[87]

In diesen Zusammenhang gehört auch das Phänomen, dass Sachverhalte, die auf einem tatsächlichen („wahren") Geschehen beruhen, in der Beschreibung verändert werden, um „wirklichkeitsgetreuer" zu werden. Dieses Phänomen ist z.B. auch in der Berichterstattung über die Affäre Friedman enthalten. Hier wird eine „Äuße-

---

84 Brinker (1), a.a.O., S. 96; Brinker (2), a.a.O., S. 176; Große, Text und Kommunikation, S. 68.
85 „Überreden" meint hier nicht nur das Überreden zu einem Tun, Dulden oder Unterlassen, sondern auch das Überreden dazu, eine bestimmte Meinung oder Einstellung zu einem Gegenstand oder Sachverhalt anzunehmen.
86 In der vorliegenden Arbeit wird der Vergleich zwischen den oben vorgestellten Bericht von Brandt / Flottau / Hielscher / Holm / Kraske / Kurz / Ludwig / Neef / Schimmöller / Schmidt / Stark / Voigt einerseits und dem Kommentar von Duve andererseits relevant werden.
87 Brinker (1), a.a.O., S. 96; Große, Text und Kommunikation, S. 68 f.

rungswirklichkeit" geschaffen, die mit der „realen Wirklichkeit" nicht unmittelbar übereinstimmt.

Die Wirkung von Texten auf den Rezipienten ist im Unterschied zur Funktion der Äußerung nicht konventionalisiert. Dementsprechend kann die Wirkung beabsichtigt sein oder auch nicht.[88] Dass die Kommunikation zwischen Emittent und Rezipient zwingenden Beschränkungen unterliegt, hat Paul Watzlawick mit seiner Kommunikationstheorie gezeigt. Watzlawick betrachtet das Wechselspiel der Kommunikation unter kybernetischen Gesichtspunkten; er begreift die kommunikative Beziehung zwischen den Beteiligten als einen Rückkopplungskreis.[89] Er geht davon aus, dass jeder der Beteiligten durch sein Sprechen und Handeln Einstellungen verändert, die das Gleichgewicht der Beziehungen beeinflussen. Er hat daraus Strukturen von Interaktionen abgeleitet, die zwischenmenschlicher Kommunikation zu Grunde liegen; unter anderem hat er das Axiom formuliert:[90] *Man kann nicht nicht kommunizieren.*

Menschliches Verhalten besitzt in Gegenwart eines Zweiten immer Mitteilungscharakter. Denn jeder verbalen und nonverbalen Äußerung kann, auch wenn der Emittent dies nicht beabsichtigt, kommunikative Funktion zugesprochen werden, weil zwischenmenschliche Kommunikation ein Rückkopplungssystem ist und damit auf Wechselseitigkeit (Reziprozität) gründet. Beispiel:

Ein Mann sitzt in einem Wartesaal eines Bahnhofs und starrt unentwegt auf den Boden.

Ein Mann der stumm in einem Wartesaal sitzend vor sich auf den Boden starrt, kann nicht *nicht* kommunizieren, weil die anderen Menschen, die sich in dem Wartesaal befinden, sein Verhalten als Mitteilung deuten können, z.B. als Ablehnung, Arroganz, Schüchternheit, Angst oder Müdigkeit. Nicht der Mann, sondern seine Umwelt ist es, die je nach Einstellung auf dieses Verhalten interpretierend reagiert.

Jede Kommunikation hat zudem einen Inhalts- und einen Beziehungsaspekt derart, dass letzterer den ersteren bestimmt und daher eine Metakommunikation ist: Zahllose Missverständnisse ließen sich aus der Welt räumen, wenn man sich bewusst wäre, dass man beim Kommunizieren nicht nur Information pur („direkte Inhalte") übermittelt, sondern zugleich auch mitteilt, welche Gefühle man seinem Gesprächspartner gerade entgegen bringt („weiterer Inhalt"), auch wenn diese mit keinem Wort erwähnt werden. Beispiel:[91]

---

88 Brinker (1), a.a.O., S. 96.
89 Rückkopplungskreis ist ein feststehender Begriff aus der Kybernetik und meint ein sich selbst regelndes System.
90 Watzlawick, Menschliche Kommunikation, S. 32 f.
91 Watzlawick, a.a.O., S. 54;

Frau Mayer trifft Frau Müller auf der Straße. Die beiden Frauen unterhalten sich und im Lauf dieser Unterhaltung zeigt Frau Mayer auf die Perlenkette, die Frau Müller trägt, und fragt: „Sind das echte Perlen?"

Wenn Frau Mayer auf Frau Müllers Halskette deutet und fragt: „*Sind das echte Perlen?*", so ist der Inhalt ihrer Frage ein Ersuchen um Information über ein Objekt. Gleichzeitig definiert sie damit auch – und sie kann es nicht *nicht* tun – ihre Beziehung zu Frau Müller. Die Art, wie sie fragt – der Ton ihrer Stimme, ihr Gesichtsausdruck, der Kontext und dergleichen mehr – wird entweder wohlwollende Freundlichkeit, Neid, Bewunderung, oder irgendeine andere Einstellung zu Frau Müller ausdrücken – oder, anders gewendet, es wird das ausdrücken, was Frau Müller der Äußerung entnehmen zu können glaubt. Es ist entscheidend zu erkennen, dass dieser Aspekt der Interaktion nichts mit der Echtheit der Perlen zu tun hat, oder überhaupt mit den Perlen, sondern mit den ebenfalls mit vermittelten Definitionen.

2. Linguistische Analyse des Beispiels „Schröders Haarfarbe"

Interessant an diesem Demonstrationsbeispiel ist, dass das ursprüngliche Stellvertreterthema – Diskussion der Echtheit von Schröders Haarfarbe – durch ein neues Stellvertreterthema – Diskussion der Gerichtsentscheidungen – ersetzt wurde, ohne dass sich das tatsächlich diskutierte Thema – Diskussion der Glaubwürdigkeit von Schröders Politik etc.[92] – verändert hat.

a) Funktion der Äußerung

Zunächst ist anhand der textuellen und kontextuellen Indikatoren die Funktion des Interviews zu bestimmen. Die von der Emittentin beabsichtigte Funktion ist, den Rezipienten darüber zu informieren, wie ein Kanzlerkandidat sich medienwirksam geben sollte (Informationsfunktion). Dies lässt sich vor allem der Wiederaufnahmestruktur entnehmen, aus der ersichtlich wird, dass jeder Satz eine Aussage zu dem Bezugsausdruck „Erscheinungsbild" (B_1) ist. Damit deutet die Funktion der Äußerung zunächst nicht darauf hin, dass sie ein Stellvertreterthema ist, hinter der sich eine oder mehrere „weitere Aussagen" verbergen.

---

92 Mit diesem „et cetera" sei ausgedrückt, dass die hinter Stellvertreterthemen verborgenen eigentlichen Aussagen eher unspezifisch und ohne feste Konturen sind.

Erst auf der Seite des Rezipienten ändert sich die Funktion des Interviews und erhält es eine Appellfunktion dahingehend, eine bestimmte Meinung zu Schröder einzunehmen. Ob dem Interview diese Funktion bereits von der Nachrichtenagentur ddp, die dieses Interview verbreitet hat, zugemessen wurde, ist unklar und sollte jedenfalls nicht ohne weiteres unterstellt werden. Die Appellfunktion lässt das Vorliegen eines Stellvertreterthemas möglich erscheinen, wenn auch von der Emittentin unbeabsichtigt.

b) Wiederaufnahmestruktur

Um die Wiederaufnahmestruktur des Interviews analysieren zu können, sind zunächst die im Interview vorkommenden Bezugsausdrücke zu ermitteln:

B_S = Schröder
B_1 = Erscheinungsbild
B_2 = menschliche und sympathische Art
B_3 = verändern, etwas für sich tun, Haarfärben
B_4 = fehlende Glaubwürdigkeit bzw. Überzeugungskraft

Die Satz/Wiederaufnahmerelation für das Interview sieht, bezogen auf die vorgenannten Bezugsausdrücke, grafisch wie folgt aus:

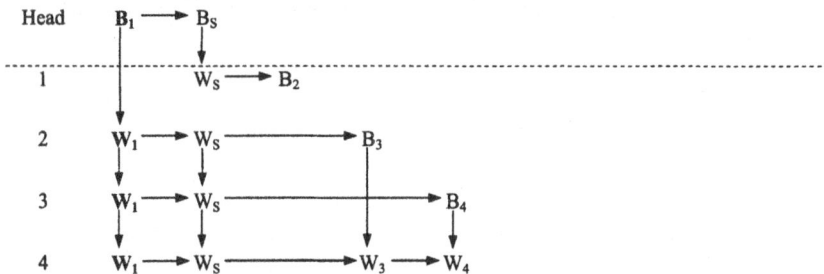

Die Satz/Wiederaufnahmerelation zeigt, dass es in dem Interview tatsächlich um das äußere Erscheinungsbild geht: Zu dem im Head genannten Bezugsausdruck „Erscheinungsbild" (B_1) werden – abgesehen von dem vom Sinngehalt her unabhängig vom übrigen Body dastehenden Satz 1 – mit den Bezugsausdrücken „verändern, Haarfärben" (B_3) und „fehlende Glaubwürdigkeit bzw. Überzeugungskraft" (B_4) durchweg nur etwas über das „Erscheinungsbild" (B_1) gesagt – allerdings immer auch mit einem Bezug auf „Schröder" (B_S). Eine andere Bewertung der tatsächlichen Aussage dieses Interviews kann sich somit nur daraus ergeben, dass einer der verwendeten Bezugsausdrücke neben seiner „direkten Aussage" (plaintalk) eine – ggf. verdeckte – „weitere Aussage" hat.

c) Themenstruktur

Die Themenstruktur ist durch Interpretation zu bestimmen, wobei auf die Ergebnisse der vorstehenden Analyse der Funktion der Äußerung und der Analyse der Satz/Wiederaufnahmerelation zurückgegriffen werden kann. Nach dem Kompatibilitätsprinzip ergibt sich „Erscheinungsbild" (B_1) als Hauptthema[93], da dieses sich mit der Appellfunktion des Interviews am besten verträgt. Dieses Hauptthema ergibt sich auch nach dem Ableitbarkeitsprinzip. Die Satz/Wiederaufnahmerelation zeigt, dass Head und die relevanten Sätze 2-4 sich auf „Erscheinungsbild" (B_1) beziehen.

Das tatsächliche Thema des Interviews ist damit ersichtlich: Thema ist der Bezugsausdruck „Erscheinungsbild" (B_1), zu dem mit den Bezugsausdrücken B_2 bis B_4 als Rhemen jeweils etwas Neues ausgesagt wird. Es gibt kein Unter- oder Nebenthema, auf das sich die überwiegende Zahl der Rhemen beziehen könnte. Folglich ergibt sich aus der Themenstruktur kein Hinweis darauf, dass die Diskussion über Schröders Haarfarbe ein Stellvertreterthema ist, hinter dem eine oder mehrere tatsächliche Aussagen verborgen sein könnten.

d) Sprachbilder

Dass in der sich letztlich ergebenden Aussage: „*Schröder färbt sich das Haar.*" für den Rezipienten mehr als die Mitteilung einer Tatsache (Haarfärben) steckt, ist offensichtlich.[94] Die Aussage besteht aus zwei Komponenten: „Schröder" und „Haarfärben". Da die Analyse der Wiederaufnahmestruktur gezeigt hat, dass mehrere voneinander unabhängige Aussagen über Schröder gemacht werden – „menschliche und sympathische Art" (B_2) oder „könnte etwas für sich tun" (B_3) – kann angenommen werden, dass „Schröder" hier das Basisteil ist, über das etwas ausgesagt wird. Dementsprechend müsste „*Haarfärben*" eine Aussage über Schröder sein, wenn es das Verfremdungsteil zu „*Schröder*" als Basisteil sein soll. Vordergründig, d.h. als plaintalk betrachtet, ist das offensichtlich. Für die eigentliche, d.h. verdeckte Aussage dürfte dies kaum anders sein.

---

93 In der vorstehenden grafischen Darstellung der Satz/Wiederaufnahmerelation ist das Hauptthema durch Fettdruck der betreffenden Bezugsausdruckskürzel B1 bzw. W1 hervorgehoben.
94 Hierfür spricht insb. auch, dass sich Schröder bzw. seine Medienexperten und -berater gezwungen gesehen haben, diese Aussage mit juristischen Mitteln unterbinden zu müssen.

Damit ist nunmehr die wahre Bedeutung des Verfremdungsteils „Haarfärben" zu klären. Vorliegend handelt es sich um eine Akyrologie, deren Sinn offensichtlich ist: „Haarfärben" steht hier nicht nur für „verändern", „verschönern" und „beschönigen" sondern auch für „etwas vorgeben, was tatsächlich nicht zutrifft" bis hin zu „vortäuschen" oder gar „betrügen" etc. Kombiniert man die gefundene wahre Bedeutung des Verfremdungsteils „Haarfärben" nun mit dem Basisteil „Schröder", dann ergibt sich daraus eine Aussage in etwa dahingehend: *„Schröder beschönigt"*, *„Schröder verbirgt die Wahrheit"*, *„Schröder täuscht über die wahren Zustände"* bis hin zu: *„Schröder lügt etc.[95]"*

e) Wahre Absicht des Emittenten und Wirkung auf den Rezipienten

Die wahre Absicht des Emittenten dürfte kaum darauf ausgelegt gewesen sein, mit einem Stellvertreterthema eine eigentliche Aussage zu verdecken. Das Stellvertreterthema ist erst im Rahmen der Wirkung auf den Rezipienten entstanden. Die wahre Absicht der Emittentin (bzw. des Verbreiters ddp) ist offensichtlich: Schwind von Egelstein hat mit ihrer Aussage: *„Es käme seiner* (d.h. Schröders) *Überzeugungskraft zugute, wenn er sich die grauen Schläfen nicht wegtönen würde."* sicherlich nichts anderes gemeint, als eine Aussage darüber, wie sich eine absolute Person der Zeitgeschichte medienwirksam präsentieren sollte. Derartige Kommentare sind häufig – vgl. etwa die ständigen Kommentare in den Medien über Frisur und Kleidung der Unionsvorsitzenden Angela Merkel – und oft genug wird dabei auch über gefärbte Haare spekuliert.[96] Ob die Nachrichtenagentur ddp mit dem Interview, das sie verbreitet hat, etwas anderes sagen wollte, ist jedenfalls unwahrscheinlich, wenn nicht gar ausgeschlossen.

Problematisch ist hier aber die Wirkung auf den Rezipienten: Man kann nicht sagen oder schreiben: *„Schröder färbt sich das Haar"* ohne damit auch eine Aussage über seine Politik zu machen – ob man nun will oder nicht. Hier kommt nämlich die allgemeine Bereitschaft zum Tragen, bei Aussagen über Politiker etc. immer auch etwas Doppeldeutiges sehen zu wollen, insb. solche Aussagen hineinhören bzw. hineinlesen zu wollen, welche die eigenen Vorannahmen (und Vorurteile) bestätigen. Auf das, was der Emittent tatsächlich verbreitet hat, wird dabei i.d.R. wenig Rücksicht genommen. Das Thema Schröders Haarfarbe hat sich also verselbständigt: Auf Kosten von Schröder wurde die gesamte Regierungspolitik kritisiert.

---

95 Mit diesem „et cetera" sei ausgedrückt, dass die hinter Stellvertreterthemen verborgenen eigentlichen Aussagen eher unspezifisch und ohne feste Konturen sind.
96 Es ist angeblich ein offenes Geheimnis, dass sich Angela Merkel das Haar färbt. Zumindest wird derartiges immer wieder in den Medien behauptet.

→ *Ergebnis*

Das Problem ist hier letztlich, ob der Emittent berücksichtigen muss bzw. überhaupt kann, was die Rezipienten der Äußerung „aus ihr machen". Oder um es mit Watzlawick zu sagen: Man kann nicht *nicht* kommunizieren.

Linguistisch lässt sich die oben aufgestellte These bestätigen. Die Analysen zeigen, dass sich die vermutete tatsächliche Aussage „*Schröder lügt etc.*[97]", die durch das Stellvertreterthema „*Schröder färbt sich die Haare*" verdeckt wird, aus dem analysierten Text entnehmen lässt und die Wirkung auf die Rezipienten, insb. die erhebliche Verbreitung dieser Diskussion in den Medien, legt ebenfalls nahe, dass die These zutrifft.

3. Linguistische Analyse des Beispiels „Affäre Friedman"

Die Frage ist, wieso das Phänomen Zwangsprostitution überhaupt diskutiert wurde – in der Regel werden Themen in den Medien nur aufgrund eines entsprechenden Anlasses hin aufgegriffen – und dann auch noch unter der Überschrift „Affäre Friedman".[98]

a) Funktion der Äußerungen

Die Funktion des Beitrags im SPIEGEL 26/2003 ist eindeutig: Sowohl die textuellen als auch die kontextuellen Indikatoren zeigen, dass der Rezipient über das Thema „Zwang zur Prostitution" informiert werden soll. Damit ergibt sich aus der Funktion dieser Äußerung kein Hinweis auf ein Stellvertreterthema.

Die Funktion des Kommentars im SPIEGEL 28/2003 von Duve ist ebenfalls eindeutig: Der Kommentar ist eine Aufforderung, sich als Freier nicht an der Verschleppung, Ausbeutung etc. von illegal eingereisten osteuropäischen Prostituierten zu beteiligen, indem man deren sexuelle Dienste in Anspruch nimmt. Sekundär wird zudem hinterfragt, ob die Freier nicht überhaupt auf die Inanspruchnahme der Dienste von Prostituierten verzichten sollten. Es handelt sich also um einen Appell;

---

97 Mit diesem „et cetera" sei ausgedrückt, dass die hinter Stellvertreterthemen verborgenen eigentlichen Aussagen eher unspezifisch und ohne feste Konturen sind.

98 Unter der Überschrift „Affäre Friedman" wurde in den Medien aber nicht nur über Zwangsprostitution diskutiert; es gab ein weiteres durch das Stellvertreterthema verdecktes eigentliches Thema: Es wurde intensiv über die Arbeit der Strafverfolgungsbehörden diskutiert. Da vorliegend Stellvertreterthemen vor allem auch in ihrer Wirkung auf Dritte betrachtet werden sollen, wird dieser Aspekt in der vorliegenden Betrachtung nicht weiter verfolgt.

das Vorliegen eines Stellvertreterthemas erscheint somit möglich. Fraglich ist aber damit, wieso Duve dies anhand des Themas Friedman vermittelt. Hierin kann man durchaus auch einen Appell an die Rezipienten vermuten, „nicht so zu sein bzw. zu werden" wie Friedman.

Die Funktion der Meldung in der BILD v. 13.08.2003 ist unklar; sie erfüllt jedenfalls keine reine Informationsfunktion. Die Tatsache, dass Menschenhändler angeklagt worden sind, dürfte kaum einen ausreichenden Nachrichtenwert haben, der es rechtfertigt, diese Meldung auf Seite 1 zu bringen. Vielmehr muss die wahre Funktion dieser Meldung mit dem im Head genannten Michel Friedman zusammenhängen, d.h. dass mit dieser Meldung in Wahrheit beabsichtigt wird, den Rezipienten dazu zu bringen, eine bestimmte Haltung gegenüber Friedman einzunehmen. Aufgrund der Tatsache, dass Friedman hier im Zusammenhang mit einer Anklage gegen Menschenhändler genannt ist, ist offensichtlich, dass hier in Wahrheit etwas Negatives – allerdings in einer unspezifischen Form – über Friedman ausgesagt wird, was eher auf der emotionalen Ebene zu rezipieren ist. Hier legt die Funktion der Äußerung nahe, dass es sich hier vielmehr um ein Stellvertreterthema handelt, hinter dem eine tatsächliche Aussage versteckt ist.

b) Wiederaufnahmestruktur

In der Berichterstattung über die Affäre Friedman sind insb. folgende ausgewählte Bezugsausdrücke entscheidend:

B_F = Friedman
B_1 = Zwang zur Prostitution
B_2 = Mädchenhändler, Menschenhändler, Zuhälter
B_3 = Prostituierte, Huren, Prostitution
B_4 = Prominente
B_5 = Milliardengeschäft, Gewinne
B_6 = Drogen- und Waffenhandel
B_7 = Justiz
B_8 = Allgemeinheit
B_9 = Akzeptanz
B_{10} = Kokain, Drogen
B_{11} = Strafe für Friedman
B_{12} = Ausländerrecht
B_{13} = Korruption
B_{14} = Gedankenlosigkeit, fehlende moralische Bedenken
B_{15} = Aufklärung, Ermahnung

Die Segment/Wiederaufnahmerelation für den Leitartikel im SPIEGEL 26/2003 sieht, bezogen auf die vorgenannten Bezugsausdrücke, grafisch wie folgt aus:

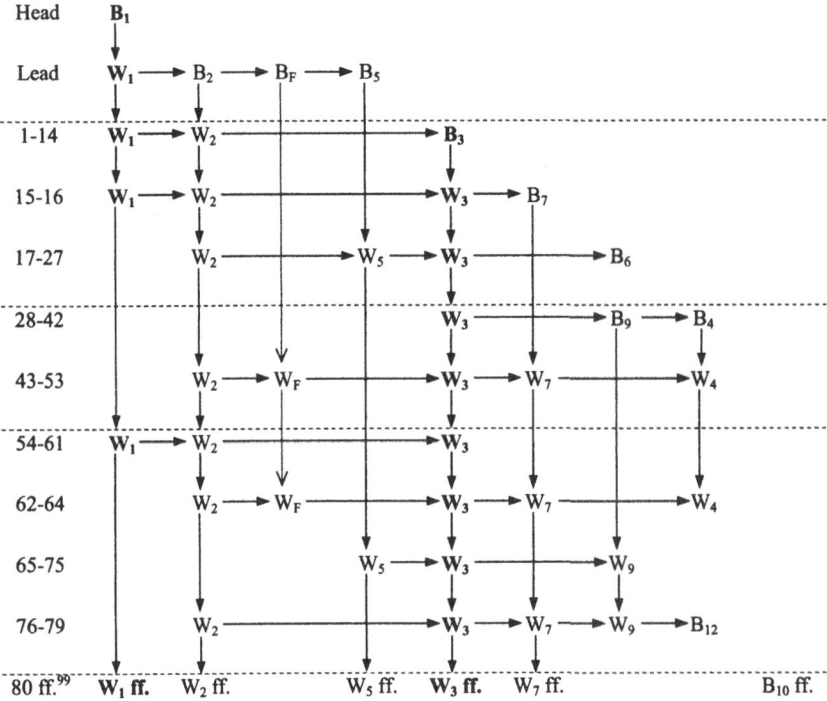

Es wird offenbar, dass Head und Lead sich, bezogen auf die Bezugsausdrücke, erheblich vom Body unterscheiden. Insbesondere ist bemerkenswert, dass die im Lead verwendete Bezugsausdruck „Friedman" (B_F) im Body kaum eine Rolle spielt. Vielmehr sind im Body die Bezugsausdrücke „Prostitution" (B_3) und „Zwang zur Prostitution" (B_1) bestimmend. Bemerkenswert ist zudem, dass die Wiederaufnahmen des Bezugsausdrucks „Friedman" (B_F) in den Segmenten 43-53 und 62-64 des Bodys bezogen auf das, was mit dem Artikel mitgeteilt werden soll, keineswegs zwingend waren. Überdies zeigt die grafische Aufschlüsselung der Wiederaufnahmestruktur, dass die Segmente 43-53 und 62-64 bezogen auf die Bezugsausdrücke identisch sind; es kommt keine neue Information in Form eines neu eingeführten Bezugsausdrucks (B_n) hinzu.

---

99 In den restlichen 2/3 des Artikels geht es um Gewalt, Korruption, Ausbeutung etc. i.V.m. Menschenhandel und Prostitution. Es werden mehrere Einzelschicksale vorgestellt. Friedman wird hingegen nicht mehr erwähnt.

Die Segment/Wiederaufnahmerelation für den Kommentar im SPIEGEL 28/2003 sieht, bezogen auf die vorgenannten Bezugsausdrücke, grafisch wie folgt aus:

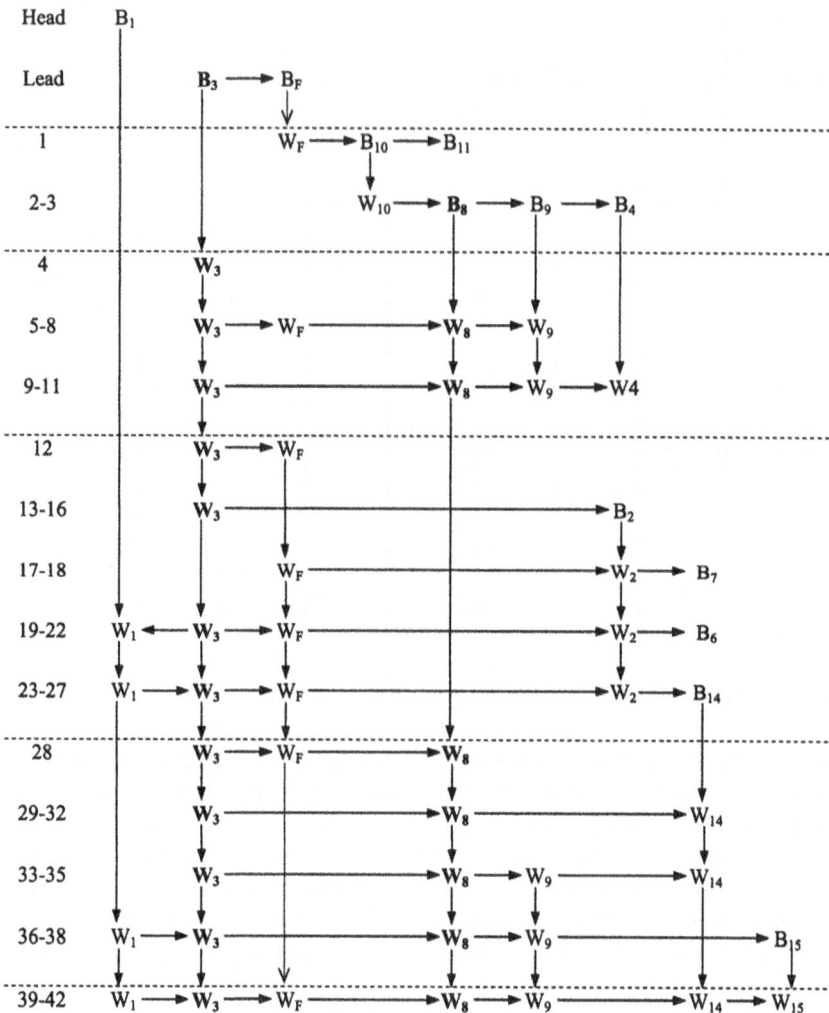

Interessant ist, dass die Segment/Wiederaufnahmerelation deutlich zeigt, abgesehen von einer allein dastehenden Wiederaufnahme des Bezugsausdrucks „Friedman" (B_F) in Segment 5-8, dass der Bezugsausdruck B_F im Lead nur aufgenommen wurde, um damit im dritten Teil des Bodys, insb. in den zusammenhängenden Segmenten 17-18, 19-22 und 23-27, ein Fallbeispiel zur Illustration der tatsächlichen Aussage des Kommentars zu bilden. Die Segment/Wiederaufnahmerelation zeigt insb., dass es im Body vor allem um den im Lead eingeführten Bezugsausdruck „Prostituierte, Prostitution" (B_3) und das Verhältnis der „Allgemeinheit" (B_8) hierzu geht.

Die Satz/Wiederaufnahmerelation für die Meldung in der BILD v. 13.08.2003 sieht, bezogen auf die vorgenannten Bezugsausdrücke, grafisch wie folgt aus:

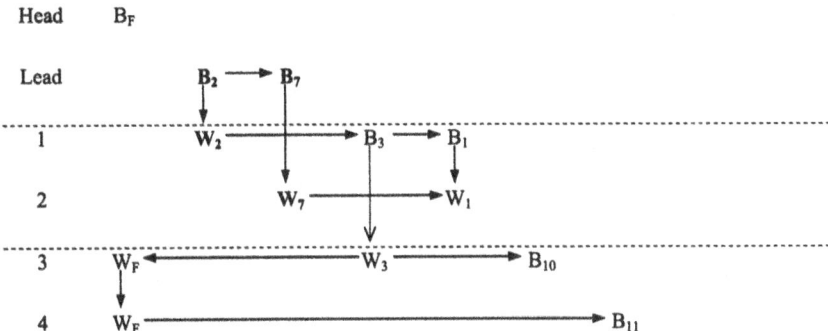

Im Head steht der Bezugsausdruck „Friedman" (B_F) alleine da und wird zudem auch nicht direkt wiederaufgenommen; die Wiederaufnahme erfolgt vielmehr indirekt über die Wiederaufnahme des Bezugsausdrucks „Prostituierte, Prostitution" (B_3) aus Satz 1 des Bodys in Satz 3. Diese Wiederaufnahme ist überdies für die Aussage dieser Meldung nicht notwendig. Losgelöst vom Head der Meldung handelt der erste Teil des Bodys vielmehr ausschließlich von „Menschenhändler, Zuhälter" (B_2), „Justiz" (B_7), „Prostituierte, Prostitution" (B_3) und „Zwang zur Prostitution" (B_1). Wenn man jetzt noch bedenkt, dass in einer Meldung das Wesentliche am Anfang und das – kürzungsfähige – Unwichtigere am Ende steht, dann wird damit die Frage aufgeworfen, wieso der Head der Meldung ausschließlich aus der Nennung des Bezugsausdrucks B_F besteht.

c) Themenstruktur

Die Themenstruktur des Beitrags im SPIEGEL 26/2003 ist von dem Thema „Zwang zur Prostitution" (B_1) und dem damit konsequenterweise verbundenem Thema „Prostituierte, Huren, Prostitution" (B_3) bestimmt. Dieses Thema stimmt mit dem im Head benannten Thema „Zwang zur Prostitution" (B_1) überein. Die Themenstruktur zeigt weiterhin, dass „Friedman" (B_F) jedenfalls nicht das eigentliche Thema ist, auch wenn „Friedman" im Lead, d.h. an prominenter Stelle, genannt wird. Dies legt nahe, dass es einen anderen Grund dafür gibt, dass Friedman genannt wurde. Es liegt also nahe, dass Friedman hier nur ein Stellvertreterthema ist, hinter dem tatsächlich etwas anderes diskutiert wird. Es ist jedoch nicht wahrscheinlich, dass das, was „hinter" dem Thema „Friedman" diskutiert wird, das eigentliche Thema dieses Beitrags, d.h. „Zwang zur Prostitution" (B_1), ist. In diesem Zusammenhang hätte „Friedman" als Thema nicht aufgegriffen werden müssen. Vielmehr muss die tatsächliche Aussage, die hinter „Friedman" (B_F) versteckt wird, von diesem, d.h. von „Friedman", abhängig sein.

Die Themenstruktur des Beitrags im SPIEGEL 28/2003 zeigt, dass „Zwang zur Prostitution" (B_3) das Thema ist. „Friedman" (B_F) wird offensichtlich nur eingeführt, um ein aktuelles Demonstrationsbeispiel zu haben. Das Thema „Friedman" (B_F) verträgt sich weder mit der Funktion dieser Äußerung, noch lassen sich die anderen Themen überzeugend aus „Friedman" (B_F) ableiten.

Die Themenstruktur der Meldung der BILD v. 13.08.2003 deutet darauf hin, dass der im Lead vermittelte Eindruck, „Friedman" (B_F) sei (zumindest ein) Thema des Artikels, unrichtig ist. Es geht hier vielmehr um das Vorgehen der Justiz gegen Menschenhändler.

Hinter dem Stellvertreterthema „Friedman" verbirgt sich folglich eine Diskussion über das, wofür „Friedman" an sich (stellvertretend) steht: Damit Friedman insoweit aber als Thema herhalten kann, hinter dem eine oder mehrere Aussagen versteckt werden können, musste seine Person für die Diskussion erst eigens stilisiert und zurechtgemacht werden. Für eine große öffentliche Erregung musste erst „künstlich" vergessen werden, was allgemein über Friedman gedacht wurde.[100]

Zuvorderst steht der Antisemitismus-Verdacht. Es ist üblich, überall Antisemitismus zu vermuten, insb. um die „eigene Tugend" umso heller strahlen zu lassen bzw. um das Bedürfnis nach Bestrafung – antisemitistische Verbrechen der Nationalsozialisten quasi als Erbsünde – zu befriedigen. Andererseits nährt dies aber bei manchen den dumpfen Verdacht auf eine Vorzugsbehandlung der Juden, was wiederum der Antisemitismus-Vermutung neue Plausibilität verleiht usw. Diese Spirale wird von dem bei jeder Gelegenheit eskalierenden Selbstmisstrauen der Deutschen – wohl auch zu Recht – in Gang gehalten.[101]

„Friedman" könnte auch stellvertretend für „moralische Autorität" stehen: Friedman habe sich als moralische Autorität inszeniert. Er war ein temperamentvoller, gnadenloser, oft genug auch ein ungerechter Fragensteller.[102] Vor allem war

---

100 Jessen, a.a.O., Sp.1, meint hierzu: Nicht Friedman wäre in diesem Fall Heuchelei vorzuwerfen, Moral gepredigt und Drogen genommen zu haben; vielmehr läge dann die Heuchelei auf der Seite der Rezipienten, die wider besseres Wissen ein Bild Friedmans schafften, damit sich die gewünschte dramatische Fallhöhe ergibt.
101 Jessen, a.a.O., Sp. 2 f.
102 Jessen meint, dass dies Eigenschaften seien, die einen „fabelhaften Journalisten" ausmachen.

er konfliktbereiter als andere. Das kann in einer Konsensgesellschaft ein Ärgernis sein. Das alles bedeutet aber noch nicht zwingend, dass Friedman wirklich moralische Autorität zugebilligt wurde.

Es könnte aber auch sein, dass Friedman ein Doppelleben führen mag, seine Freundin mit Prostituierten betrüge oder anderes zu verbergen habe – in Wahrheit könnte es die Gesellschaft selbst sein, die nicht mit sich im Reinen ist. Damit wäre die Affäre Friedman vor allem dahingehend von Interesse, als sie die Obsessionen einer Gesellschaft zeigt, die offenbar nach jedem Anlass suchen, um ans Licht zu treten. Es sind diese insb. die Spektakelsucht bei gleichzeitiger Abneigung gegen Extravaganz in der Öffentlichkeit und die daraus resultierende Lust, Prominente nicht nur zu beargwöhnen, sondern auch stürzen sehen zu wollen. Dann würde die „Affäre Friedman" also nicht diskutiert, weil er Drogen nahm oder Kontakte zu zweifelhaften Zuhältern aus Osteuropa hatte, sondern weil er in die Selbstverständigungsdebatte der deutschen Gesellschaft geraten ist, die hier wohl vor allem zum Zweck der gegenseitigen Beschuldigung (Doppelmoral, Antisemitismus, Beteiligung an der Ausbeutung zur Prostitution gezwungener Frauen etc.) oder auch nur zu einer schönen, selbstgerechten Gemütserregung geführt wird.[103]

Letztlich kann natürlich auch vermutet werden, dass die „Affäre Friedman" in den Medien nur deshalb groß aufgezogen wurde, weil die Medien ein Sommerloch zu stopfen hatten.[104]

d) Sprachbilder

Es stellt sich die Frage, ob der Ausdruck „Friedman" für noch etwas anderes steht als für eine relative Person der Zeitgeschichte. Dies ist vorliegend gegeben. Interessant ist aber, dass nicht wirklich klar wird, was tatsächlich diskutiert wird. Teilweise wird versteckter Antisemitismus diskutiert. Andere diskutieren, ob dies ein versteckes Auflehnen gegen einen „selbsternannten Moralapostel" ist bzw. Häme, weil ein „selbsternannter Moralapostel" sich als moralisch fragwürdig erwiesen hat.[105] Weiterhin wird diskutiert, ob moralische Glaubwürdigkeit sich nach der persönlichen Lebensführung bemesse, ob Hochmut vor dem Fall komme, oder Neid die Prominenten stürze, ob Antisemitismus bei den Ermittlungen im Spiel sei oder, im Gegenteil, die Furcht vor Antisemitismus eine Verfolgung der Sache behindere.[106]

---

103 Jessen, a.a.O., Sp. 2 f.
104 Jessen, a.a.O., Sp. 3.
105 Man könnte dies als eine soziopsychologische Gewissensentlastung des Einzelnen begreifen.
106 Jessen, a.a.O., Sp. 1.

e) Wahre Absicht des Emittenten und Wirkung auf den Rezipienten

Es ist nur vordergründig alleinige Absicht der Emittenten, über „Zwang zur Prostitution" berichten zu wollen. Die Emittenten des Leitartikels im SPIEGEL 26/2003 und der Meldung in der BILD v. 13.08.2003 haben „Friedman" bewusst als Stellvertreterthema benutzt und Duve im SPIEGEL 28/2003 in ähnlicher Weise als Demonstrationsbeispiel. Dadurch, dass die Beschreibung des Tuns von Michel Friedman (Bestellen von osteuropäischen Prostituierten bei Zuhältern/Menschenhändlern – sexuellen Kontakt zu diesen Prostituierten – Anbieten von Kokain) direkt neben die Beschreibung des Tuns von Menschenhändlern (Verschleppen von Frauen – Vergewaltigungen, um diese gefügig zu machen – Pressen zur Prostitution – finanzielle Ausbeutung) gestellt wird, entsteht eine „neue" Wirklichkeit, eben eine „Äußerungswirklichkeit" etwa dahingehend, dass sich Michel Friedman am Menschenhandel mit osteuropäischen Frauen beteiligt habe, indem er diese für sexuelle Kontakte bestellte. Juristisch-exegetisch ist diese Schlussfolgerung schlicht unzulässig und eine offensichtliche Verfälschung der „realen Wirklichkeit".[1] Gleichwohl dürfte es außer Frage stehen, dass die Verfasser der entsprechenden Berichte und Kommentare gezielt genau diese „Wirklichkeit" schaffen („die *ganze* Wahrheit zeigen") wollen.

Die Wirkung auf den Rezipienten ist jedenfalls verheerend: Friedman muss nicht nur als ein Fallbeispiel für die „Verwerflichkeit von Zwangsprostitution" herhalten, er muss darüber hinaus es auch hinnehmen, dass sich die Rezipienten latente, unspezifische und vor allem negative Meinungen über ihn bilden.

→ *Ergebnis*

Es erscheint fraglich, ob bei der Affäre Friedman – ähnlich wie bei dem Beispiel „Schröders Haarfarbe" – tatsächlich konkretisierbare Aussagen gemacht werden. Vielmehr liegt hier der Verdacht nahe, dass eine latente, nicht direkt artikulierbare Stimmungslage, bestehend aus einem undurchdringlichen Konglomerat verschiedener Gefühlslagen, zum Ausdruck gekommen ist.

In diesem Fall wäre aber Friedman nicht mehr Gegenstand einer legitimen Berichterstattung über eine relative Person der Zeitgeschichte, sondern vielmehr „Opfer" eines kollektiven Gefühlsausbruchs, für den er allenfalls zufälliger Anlass gewesen ist, aber auch nichts weiteres. Wenn dem aber so ist, dann stellt sich die Fra-

---

107 Vgl. beispielhaft vor allem: Schaefer, Justiz im Zwielicht, NJW 2003, 2210 [2211], aber auch Rautenberg, Nachruf auf den „Fall Friedman", NJW 2003, 2428, der in diesem Zusammenhang von „althergebrachten Sex & Crime-Klischees" spricht, und Bertram, Verfrühter Nachruf – noch einmal zum „Fall Friedman", NJW 2003, 3027 [3028].

ge, ob Friedman es sich – zumindest ethisch betrachtet – gefallen lassen muss, Gegenstand einer solchen Diskussion zu sein. Die Tatsache, dass er eine relative Person der Zeitgeschichte ist, vermag die Diskussion in diesem Fall jedenfalls nicht mehr zu rechtfertigen.

Friedman soll sich als moralische Autorität inszeniert haben. Die Wahrheit ist wohl eher, dass niemand sie ihm zugebilligt hat. Denn niemand war wohl ernsthaft überrascht zu hören, dass er kokst. Zu dem Bild, das Friedman von sich und die Allgemeinheit von ihm entworfen haben, passen Kontakte in die Halbwelt ebenso gut, wie die seidenen Einstecktüchlein in seinen schönen Anzügen.

Linguistisch lässt sich damit die oben aufgestellte These nicht zweifelsfrei erhärten, jedoch ergibt sich zumindest eine hohe Wahrscheinlichkeit für die These. Problematisch ist eben, dass das hinter dem Stellvertreterthema „Affäre Friedman" versteckte eigentliche Thema keine scharfen Konturen hat, sondern eher emotionale Einstellungen des Rezipienten, insb. solche, zu denen bereits Vorannahmen und Vorurteile vorhanden sind, ansprechen.

III. Juristische Analyse

1. Ansätze juristischer Analysen von Äußerungen

Gegenstand der rechtlichen Beurteilung sind nicht einzelne Wörter, sondern Äußerungen. Eine Äußerung ist als zusammenhängendes Ganzes unter Berücksichtigung des Kontextes und der Begleitumstände zu würdigen, soweit diese für den Rezipienten erkennbar sind.[108] Bei einem Zeitungsartikel z.B., der in mehreren Sätzen einen einheitlichen, erst durch den Zusammenhang voll verständlichen Gedanken wiedergibt, dürfen nicht einzelne Sätze isoliert auf ihre Berechtigung hin überprüft werden, sondern es muss auf den gesamten zusammenhängenden Text abgestellt werden.[109] Ziel der Deutung ist die Ermittlung des objektiven Sinns,[110] d.h. der tatsächlichen Aussage einer Äußerung.

Das Verständnis einer Äußerung stellt die Weichen für das Ergebnis der rechtlichen Beurteilung. Die Interpretation ist der Ansatzpunkt für die entscheidende Einordnung einer Äußerung als Tatsachenbehauptung oder als Meinungsäußerung. Ebenso entscheidend ist sie für die Beurteilung der Frage, ob etwa das allgemeine Persönlichkeitsrecht beeinträchtigt wird, und für die Frage der Rechtswidrigkeit.[111] Die Interpretation streitiger Äußerungen bedarf also großer Sorgfalt, insb. müssen die Interpretationsmaßstäbe mit Art. 5 I GG vereinbar sein.

a) Ermittlung der tatsächlichen Aussage einer Äußerung

Das BVerfG und der BGH betonen in ständiger Rechtsprechung, dass dem der Äußerung zu Grunde zu legende Verständnis eine Schlüsselfunktion für die rechtliche Konfliktlösung und damit für den Schutz der betroffenen Interessen zukommt. Es dürfen außerdem nur Umstände berücksichtigt werden, die dem Emittenten tatsächlich zuzurechnen sind.[112] Einer Äußerung eine Deutung zu geben, die sich aus ih-

---

108 Wenzel, Das Recht der Wort- und Bildberichterstattung, Kap. 4, Rn. 1, mit Verweis insb. auf: BVerfG NJW 1995, 3303 – Soldaten sind Mörder; BVerfG NJW 1996, 1529 – DGHS I.
109 BGH NJW 1996, 1131 [1133] – Der Lohnkiller, m.w.N.
110 Wenzel, a.a.O., Rn. 1.
111 Wenzel, a.a.O., Rn. 4.1; Seitz (1), Der Presseprozess, Rn. 19.
112 Wenzel, a.a.O., Rn. 1, m.w.N.; Seitz (1), a.a.O, Rn. 22, m.w.N.; Soehring, Presserecht, Rn. 14.24, m.w.N.

rem Wortlaut nicht oder nicht mit hinreichender Sicherheit ergibt, ist ein Verstoß gegen das Grundrecht der Meinungsäußerungsfreiheit; der Einfluss des Grundrechts aus Art. 5 I GG wird verkannt, wenn bei der Beurteilung eine Äußerung zu Grunde gelegt wird, die so nicht gefallen ist; wenn der Äußerung eine Aussage zugeschrieben wird, die sie nach dem feststehenden Wortlaut objektiv nicht hat oder wenn unter mehreren objektiv möglichen Deutungen die für den Emittenten nachteilige gewählt wird, ohne die anderen unter Angabe von überzeugenden Gründen auszuschließen.[113] Grundsätzlich gilt:

> **Variantenlehre:** Wird unter mehreren möglichen Deutungen einer Äußerung eine für den Emittenten nachteilige Deutung gewählt, dann müssen für die gewählte Deutung überzeugende Gründe gegeben und die für den Emittenten günstigeren Deutungen mit überzeugenden Gründen ausgeschlossen sein.

Es kommt bei der Ermittlung der tatsächlichen Aussage einer Äußerung grds. auf das Empfängerverständnis an: In welchem Sinn der Emittent die Äußerung verstanden wissen will, ist hingegen i.d.R. unerheblich. Ebenso wenig kommt es darauf an, ob der Emittent die erfolgte Beeinträchtigung gewollt hat. Statt dessen sind Äußerungen entsprechend dem Verständnis eines unbefangenen Durchschnittsempfängers zu interpretieren und zwar unter Berücksichtigung der Gesamtdarstellung, wie sie für den Rezipienten erkennbar ist, und entsprechend der Eigengesetzlichkeit des Mediums. Es kommt dabei auf diejenigen Durchschnittsempfänger an, die mit der Materie nicht (speziell) vertraut sind, d.h. es ist von unvoreingenommenen und verständigen Rezipienten auszugehen. Allgemeine Kenntnisse und Erfahrungen können aber bei entsprechendem Kontext zu berücksichtigen sein, ebenso auch als bekannt vorauszusetzende Kenntnisse über Denk- und Verhaltensweisen des Emittenten. Das Verständnis des Durchschnittslesers ist aber keinesfalls mit dem des flüchtigen Lesers gleichzusetzen.[114]

Die Ermittlung der tatsächlichen Aussage einer Äußerung muss bei ihrem Wortlaut ansetzen: Dazu ist erforderlich, diesen erst einmal festzustellen, ggf. mittels Wörterbüchern, Sachverständigengutachten, Umfragen, Übersetzungen etc. Die Ermittlung der tatsächlichen Aussage einer Äußerung ist zunächst Wortinterpretation;[115] grds. darf der Emittent erwarten, dass ihm nur das entgegengehalten wird, was er offen ausgesprochen hat. Der Gefahr, dass der Rezipient „weiterdenkt" und in die

---

113 Wenzel, a.a.O., Rn. 2, m.w.N.; Außerdem: BVerfGE 82, 272 – Zwangsdemokrat; BVerfG NJW 1997, 2669 – Scientology-Mann.
114 Wenzel, a.a.O., Rn. 4 und 5, m.w.N.
115 Seitz (1), a.a.O, Rn. 21.

Äußerung eine „weitere Aussage" hineininterpretiert, braucht er grds. nicht zu begegnen.[116]

Zu beachten ist jedoch auch, dass die Bedeutung von Begriffen einem Wandel unterliegt. Zum Beispiel hat der Begriff „Faschismus" außerhalb der wissenschaftlichen Diskussion einen Wandel erfahren; er wird nicht mehr nur zur Kennzeichnung einer bestimmten Art politischer Strömungen verwendet, sondern auch als Schimpfwort zur Diffamierung des politischen Gegners. Grundsätzlich ist von dem Verständnis auszugehen, das die Darstellung im Zeitpunkt der Verbreitung hat. Ein nachträglicher Bedeutungswandel muss außer Betracht bleiben.[117]

Bei der Ermittlung der tatsächlichen Aussage einer Äußerung ist auch das Verständnis und das Vorverständnis aufgrund der Äußerung selbst zu berücksichtigen – sog. innerer Äußerungszusammenhang. Soweit keine allgemeinen oder speziellen Vorkenntnisse des Rezipienten einzubeziehen sind, hat die Ermittlung der tatsächlichen Aussage einer Äußerung allein anhand der vom Emittenten stammenden Äußerung zu erfolgen. Bedeutung hat aber nicht allein der Wortlaut, sondern vornehmlich der Sinn. Dabei ist vom sprachüblichen Verständnis auszugehen. Es kommt nicht darauf an, allgemein gültige Definitionen zu finden und einen philologisch exakten Sprachgebrauch zu ermitteln; maßgebend ist das Verständnis im konkreten Fall.[118]

Für das Verständnis kommt es weiterhin entscheidend auch auf den Gesamtzusammenhang der Darstellung an – sog. äußerer Äußerungszusammenhang. Bei umfangreicheren Darstellungen ist der Text insgesamt zu würdigen und zu ermitteln, welche Maßstäbe und dramaturgischen Absichten der Emittent hat erkennbar werden lassen.[119] Ein durch eine frühere Darstellung verursachtes Vorverständnis beim Rezipienten kann zu berücksichtigen sein.[120]

Problematisch sind Äußerungen, die „verdeckte Aussagen" enthalten. Bei der Feststellung „verdeckter Aussagen" ist besondere Zurückhaltung geboten, um die Spannungslage zwischen z.B. Ehrschutz und Äußerungsfreiheit nicht einseitig zu Lasten der Äußerungsfreiheit zu verschieben.[121] Der Betroffene kann „verdeckten Aussagen" gegenüber besonders schutzwürdig sein, weil sie ihm keine wirklich feste Grundlage an die Hand geben, von der aus er gegen den Emittenten zur Abwehr in der Lage ist. Zudem zwingen sie den Betroffenen häufig zu Offenbarungen persönlicher Umstände, deren fehlende Kenntnis den Emittenten gerade von einer

---

116 BGH AfP 1994, 295 [297].
117 Wenzel, a.a.O., Rn. 20, m.w.N.
118 Wenzel, a.a.O., Rn. 8, m.w.N.
119 Wenzel, a.a.O., Rn. 9 und 11.
120 Wenzel, a.a.O., Rn. 14.
121 BGH AfP 1994, 299 [301].

offenen Anschuldigung abgehalten hat. Überdies ist die Gefahr von Missverständnissen dadurch erhöht, dass den Rezipienten die Ermittlung des Aussagegehalts anheim gegeben ist, die ihm bestimmte Schlussfolgerungen nahe legt.[122]

Eine bewusst unvollständige Berichterstattung kann faktisch auch eine „verdeckte Aussage" darstellen[123] und ist wie eine unwahre Tatsachenbehauptung zu behandeln.[124] Das gilt insb. dann, wenn den Rezipienten eine Schlussfolgerung nicht unabweislich nahe gelegt oder aufgezwungen wird, sondern wenn bei Mitteilung der verschwiegenen Tatsache eine bestimmte Schlussfolgerung lediglich weniger nahestehend erscheint und deshalb ein falscher Anschein entstehen kann.[125] Ein Anspruch per se auf vollständige Berichterstattung durch die Medien besteht aber nicht.[126] „Verdeckte Aussagen" können auch durch Zitate von Auskunftspersonen aufgestellt werden, deren Angaben zwar für sich betrachtet zutreffen mögen, die aber dadurch ein falsches Bild vermitteln, dass sie nicht kompetent sind.[127] Eine weitere Variante ist die Gegenüberstellung von Ereignissen, die zeitgleich stattgefunden haben. Dadurch kann der Anschein entstehen, als gehe es nicht allein um einen Zusammenfall zweier Ereignisse, sondern als sei eine kausale Verknüpfung vorhanden.[128]

Die Einbeziehung solcher aus dem Gesamtzusammenhang ermittelter tatsächlicher Aussagen in die juristische Betrachtung ist allerdings nur nach genauer Prüfung zulässig, ob der Emittent mit den „offenen" Fakten dem Rezipienten Schlussfolgerungen unabweislich nahe legt oder aufzwingt, die einen verdeckten Sachverhalt ergeben.

Ein Problem besonderer Art sind Sprachbilder, also etwa die Vertauschung des eigentlich gemeinten Begriffs mit einem anderen (Metapher). Zumeist wird ein abstrakter Begriff durch einen sinnlich anschaulichen ersetzt. Metaphern zeichnen sich dadurch aus, dass sie, würden sie wörtlich genommen (plaintalk bzw. propia dictio), eine offenbar unsinnige Aussage bedeuten.[129] Ähnlich einer Satire muss auch ein Sprachbild auf den eigentlichen Aussagekern zurückgeführt werden.

---

122 Wenzel, a.a.O., Rn. 15, mit Verweis auf: BGH AfP 1994, 295 [297].
123 Siehe hierzu z.B. den Fall „Florida-Rolf"!
124 Dies ist z.B. im Fall einer Akyrologie von Bedeutung, als diese gerade eben nicht die entscheidenden Aussagen enthält.
125 Wenzel, a.a.O., Rn. 15, mit Verweis auf: BGH NJW 2000, 656 [657].
126 Wenzel, a.a.O., Rn. 15.
127 Wenzel, a.a.O., Rn. 18.
128 Wenzel, a.a.O., Rn. 18.
129 Vgl. Paul Celan: „Schwarze Milch der Frühe..."

Grundsätzlich aber kann niemand verwehrt werden, anstelle des Gemeinten ein Sprachbild zu verwenden. Es herrscht „Metaphernfreiheit".[130]

Aus dem Vorgenannten lässt sich für die Ermittlung der tatsächlichen Aussage einer Äußerung folgendes Schema aufstellen:

Feststellung der tatsächlichen Aussage einer Äußerung:
1. Ermittlung der tatsächlichen Aussage einer Äußerung (bezogen auf den Empfängerhorizont)
2. Einbeziehung des Kontextes (soweit für den Rezipienten erkennbar)
3. Variantenprüfung (mit überzeugenden Gründen für die gewählte Variante)

b) Qualifizierung als Tatsachenbehauptung oder Meinungsäußerung

Bei Äußerungen ist zwingend zwischen Tatsachenbehauptungen und Meinungsäußerungen zu unterscheiden.[131] Bei der Differenzierung zwischen Tatsachenbehauptung und Meinungsäußerung handelt es sich um das zentrale Problem des Äußerungsrechts. Die Relevanz dieses Problems für die Praxis ist erheblich: So gewährleistet schon Art. 5 I GG prinzipiell nur die freie Verbreitung von Meinungen unbeschadet ihrer „Richtigkeit", während die Verbreitung erwiesener oder bewusst unrichtiger Tatsachenbehauptungen vom Grundrechtsschutz nicht erfasst ist.[132]

Daher differenzieren die wesentlichen gesetzlichen Tatbestände, welche die Freiheit der Berichterstattung einschränken, zwischen der Verbreitung von Tatsachenbehauptungen und Meinungsäußerungen.[133] In der Regel haben juristische Schritte gegen Äußerungen nur dann Erfolg, wenn die streitige Äußerung als Tatsachenbehauptung zu werten ist, da Meinungsäußerungen grds. den Schutz des Art. 5 I GG genießen und entsprechend privilegiert sind.[134] Dementsprechend gilt: Wenn eine Äußerung als Tatsachenbehauptung qualifiziert und damit automatisch gegen die Meinungsfreiheit aus Art. 5 I GG des sich Äußernden entschieden wird, dann entsteht eine konkrete Darlegungs- und Begründungslast dafür, dass die Qualifizierung der betreffenden Aussage als Meinungsäußerung keinesfalls in Betracht kam.[135]

---

130 Wenzel, a.a.O., Rn. 13.
131 Dies ist eine Besonderheit des deutschen Rechts, die insb. darauf beruht, dass die so genannte Auschwitz-Lüge nicht in den Schutzbereich des Art. 5 GG fallen soll.
132 BVerfGE 42, 143 – Echternach; 61, 1 – NPD von Europa; 85, 1 – Bayer.
133 Soehring, a.a.O, Rn. 14.2 m.w.N.
134 Wenzel, a.a.O., Rn. 41.
135 BGH NJW 1998, 3047; Soehring, a.a.O, Rn. 14.24 und 14.1: Das Bemühen um Trennung von

Auf der Ebene der Rechtsfolgen ist diese Differenzierung vollends unvermeidlich, insb. weil die in den Mediengesetzen begründeten Gegendarstellungsansprüche nur gegenüber der Verbreitung von Tatsachenbehauptungen gewährt werden und Berichtigungsansprüche nur gegenüber Tatsachenbehauptungen geltend gemacht werden können. Auch die meisten anderen Anspruchsnormen setzen die Einordnung der angegriffenen Äußerung als Tatsachenbehauptung voraus, so besteht z.B. der Widerrufsanspruch ebenfalls nur gegenüber Tatsachenbehauptungen.

Zudem ist die Frage der Rechtswidrigkeit bei Tatsachenbehauptungen leichter zu beurteilen; i.d.R. gilt der Satz, dass an der Wiederholung einer unrichtigen Tatsachenbehauptung niemand ein berechtigtes Interesse haben kann,[136] unrichtige Tatsachenbehauptungen per se rechtswidrig sind.[137]

Mit der schon aus diesen Gründen unverzichtbaren Zuordnung einer Äußerung zum Bereich der Tatsachenbehauptung oder der Meinungsäußerung wird daher die wesentlichste Weichenstellung überhaupt vorgenommen.[138]

Bei der Qualifizierung einer Äußerung ist der Zusammenhang, in dem sie gemacht wurde, zu berücksichtigen: Häufig erschließt sich die zutreffende Einordnung einer Formulierung als Meinungsäußerung oder Tatsachenbehauptung erst aus ihrem Kontext. Er ist daher für die Auslegung und richtige Einordnung einer Äußerung bzw. deren Aussagen stets zu berücksichtigen. Das ist insb. der Fall bei der Verwendung von mehrdeutigen Begriffen, die sowohl einen Zustand beschreiben als auch eine wertende Umschreibung ausdrücken können.[139] Unzulässig ist es wegen der Maßgeblichkeit des Kontextes, komplexe Äußerungen, die sich aus tatsächlichen und wertenden Elementen zusammensetzen, in diese Elemente zu zerlegen und diese Elemente dann einzeln rechtlich zu bewerten.[140]

Tatsachenbehauptungen und Meinungsäußerungen, insb. in der Form der Trennung von Nachricht und Kommentar, prägt auch wesentlich das Selbstverständnis der Redaktionen. Die rechtliche Bewältigung der mit Medienberichterstattung zusammenhängenden Fragen kommt ohne diese Unterscheidung nicht aus.

136 BVerfG NJW 1991, 2339 – Chefarzt; BGH NJW 1986, 2503 [2504] – Leserbrief II.
137 Seitz (1), a.a.O., Rn. 24, und vorgenannte Urteile im Fall „Schröders Haarfarbe": Die beklagte Nachrichtenagentur ddp konnte nicht mit ihrer Argumentation durchdringen, das Verbot der Verbreitung der unrichtigen (!) Tatsachenbehauptung „Schröder färbt sich das Haar" hindere mittelbar die Verbreitung von Nachrichten, die in irgendeinem Zusammenhang mit Schröders Haar stehen, insb. gerade auch die Verbreitung derjenigen Nachrichten, die diesen Prozess selbst beträfen. – Auch über diesen „argumentativen Umweg" lässt sich kein Interesse an der Verbreitung unrichtiger Tatsachenbehauptungen konstruieren!
138 Seitz (1), a.a.O., Rn. 24; Soehring, a.a.O., Rn. 14.2.
139 Soehring, a.a.O., Rn. 14.15; Wenzel, a.a.O., Rn. 52.
140 BGH AfP 1975, 804 – Brüning-Memoiren I; BGH NJW 1980, 2807 – Medizin-Syndikat I; BGH AfP 1989, 669 – Wünschelrute; BGH AfP 1994, 299 – Verdeckte Behauptungen II;

Aus dem Vorgenannten folgt, dass für die Qualifizierung einer Äußerung als Tatsachenbehauptung oder Meinungsäußerung gilt: Von einer Tatsachenbehauptung ist nach h.M. auszugehen, wenn der Gehalt der Äußerung entsprechend dem Verständnis des Durchschnittsempfängers der objektiven Klärung zugänglich ist und als etwas Geschehenes grds. dem Beweis offen steht. Dabei kann es sich bei dem Sachverhalt sowohl um innere als auch um äußere Tatsachen handeln.[141] Im Gegensatz zur Tatsachenbehauptung misst eine Meinungsäußerung einen Vorgang oder Zustand an einem vom Emittenten gewählten Maßstab. Davon geht die h.M. aus, wenn die Äußerung dem Rezipienten als subjektive Meinung anspricht und ihm als solche erkennbar ist. Es kommt darauf an, ob die Äußerung durch Elemente der Stellungnahme, des Dafürhaltens oder Meinens geprägt ist. Von Meinungsäußerungen ist auszugehen, wenn Beurteilungen, Wertungen, Einschätzungen erfolgen oder wenn Auffassungen, Ansichten, Anschauungen geäußert werden.[142] Grundsätzlich gilt folglich für die Qualifizierung einer Äußerung als Meinungsäußerung oder Tatsachenbehauptung folgende Theorie[143]:

> **Beweiszugänglichkeitstheorie:** Rechtlich liegt eine Tatsachenbehauptung regelmäßig dann vor, wenn der Gegenstand der Äußerung als etwas Geschehenes grds. dem Beweis offen steht. Hingegen ist konstitutiv für die Bestimmung dessen, was als Äußerung einer Meinung vom Schutz des Art. 5 I GG umfasst wird, das Element der Stellungnahme, des Dafürhaltens, des Meinens im Rahmen einer geistigen Auseinandersetzung.

In der Praxis sind Fälle häufig, in denen sich Elemente der Meinungsäußerung mit denen einer Tatsachenbehauptung mischen. Regelmäßig liegt nämlich einem Werturteil (Meinungsäußerung) ein Tatsachenkern (Tatsachenbehauptung) zu Grunde,

---

BGH NJW 2000, 656 – Verdacht am Bau; BGH NJW 1987, 957 – Pressemäßige Sorgfalt; BGH AfP 1989, 669 – Wünschelrute.
141 Wenzel, a.a.O., Rn. 43, m.w.N. In Rn. 45 wird darauf hingewiesen, dass das Abstellen auf die Beweisbarkeit in der Praxis häufig erhebliche Probleme bereitet. Gleichzeitig wird aber auch darauf hingewiesen, dass andere in der Literatur vorgeschlagene Abgrenzungsmöglichkeiten kaum praxistauglicher sind.
142 Wenzel: Das Recht der Wort- und Bildberichterstattung, Kap. 4, Rn. 48, m.w.N.
143 Achtung: Der Begriff „Theorie" ist in der Rechtswissenschaft anders belegt als in allen anderen Wissenschaften und meint in etwa das, was andere Disziplinen mit „Lehrmeinung" umschreiben. (Der Rechtswissenschaft, genauer der als „Dogmatik" bezeichnete Kernbereich, hat als einzige keinen „Theoretischen Überbau" – sie ist nämlich quasi „Praxis von Menschen ausgedachter Handlungsanweisungen". Deshalb wollen auch manche nicht von einer Wissenschaft sondern von einer „Prudenz" (~ „Klugheit"), d.h. Jurisprudenz, sprechen.

die nicht nur nicht von einander zu lösen sind, sondern teilweise sogar ineinander übergehen.[144] In diesen Fällen gilt:[145]

> **Schwerpunkttheorie:** Der Schutz der Meinungsfreiheit (Art. 5 I GG) greift ein, wenn sich Elemente einer Meinungsäußerung mit Elementen einer Tatsachenbehauptung verbinden oder vermischen, beide Elemente sich nicht trennen lassen und der tatsächliche Gehalt (Tatsachenbehauptung) gegenüber der Wertung (Meinungsäußerung) in den Hintergrund tritt.

Trotz der aufgezeigten Kriterien für die Einordnung einer Äußerung als Tatsachenbehauptung oder Meinungsäußerung und insb. der Möglichkeit, den Sinngehalt einer Aussage aus dem Kontext zu ermitteln, verbleiben Zweifelsfälle, die mit den vorgenannten Kriterien nicht zu lösen sind. Auf sie ist folgendender Interpretationsstandard anzuwenden:[146]

> **Vermutung zugunsten der Meinungsäußerung:** Äußerungen sind im Zweifel als Meinungsäußerungen zu verstehen, da sonst die Tragweite der Meinungsfreiheit (Art. 5 I GG) verkannt wird.

c) Ermittlung der Rechtswidrigkeit einer Äußerung

Die Entscheidung über die Rechtswidrigkeit einer Äußerung ist neben der Qualifizierung als Tatsachenbehauptung oder Meinungsäußerung ein weiteres zentrales Problem des Äußerungsrechts. Nur bei der Gegendarstellung ist die Rechtswidrigkeit als solche kein Tatbestandsmerkmal.[147]

Die Beurteilung der Rechtswidrigkeit ist durch eine umfassende Abwägung der kollidierenden Grundrechte vorzunehmen, i.d.R. allgemeines Persönlichkeitsrecht, Art. 2 I GG i.V.m. Art. 1 I GG, einerseits und Meinungsäußerungsfreiheit, Art. 5 I GG, andererseits. In Bezug auf die Medien ist hierbei das besondere öffentliche Interesse ein entscheidendes Kriterium. Es gelten die üblichen Rechtfertigungsgründe, insb. die Wahrnehmung berechtigter Interessen. Zu beachten ist noch, dass bei medialen Äußerungen die Rechtswidrigkeit nicht durch die Verwirklichung des Tatbestands indiziert wird. Grundsätzlich gilt:

---

144 Wenzel, a.a.O., Rn. 50.
145 Seitz (1), a.a.O., Rn. 25, m.w.N.
146 BVerfGE 61, 1 – NPD von Europa; 85, 1 – Bayer; Soehring, a.a.O., Rn. 14.24.
147 Seitz (1), a.a.O., Rn. 29, mit Verweis auf BVerfGE 7, 198 – Lüth und BGHZ 45, 296 – Höllenfeuer.

> **Vermutung zugunsten der freien Rede:** Grundsätzlich ist bei Äußerungen zu die Öffentlichkeit wesentlich berührenden Themen im Zweifel von der Zulässigkeit der freien Rede auszugehen.

2. Juristische Analyse des Demonstrationsbeispiels „Schröders Haarfarbe"

Die juristische Analyse des Beispiels „Schröders Haarfarbe" folgt im wesentlichen den zu diesem Fall ergangenen Urteilen des LG Hamburg vom 17.05.2002, 324 O 92/02, und des Hanseatischen OLG vom 05.11.2002, 7 U 40/02, sowie dem Beschluss des BVerfG vom 26.08.2003, 1 BvR 2243/02, da diese Entscheidungen durchweg der h.M. folgen. Dies ergibt sich insb. daraus, dass die drei Gerichte einhelliger Rechtsansicht sind, und aus den in den Entscheidungen enthaltenen zahlreichen Bezügen auf die Präjudiz.

a) Ermittlung der tatsächlichen Aussage der Äußerung

Die Ermittlung der tatsächlichen Aussage einer Äußerung des Textes bezogen auf den Empfängerhorizont ergibt, dass mit der tatsächlichen Äußerung *„Es käme seiner Überzeugungskraft zugute, wenn er sich die grauen Schläfen nicht wegtönen würde"* letztlich, d.h. bezogen auf den Empfängerhorizont, behauptet wurde: *„Schröder färbt sich die Haare"*.

Eine Variantenprüfung mit Angabe überzeugender Gründen für die gewählte Variante unterbleibt. Obwohl alle drei Gerichte sehen, dass sich aus dem Kontext ergibt, dass die Aussage eine hohe Relevanz für die öffentliche Meinungsbildung hat, unterbleibt in den Entscheidungen durchweg eine Variantenprüfung. Die hier potentiell gegebenen Deutungsmöglichkeiten, dass z.B. diese Aussage zumindest doppeldeutig sein könnte, wird wohl von vornherein ausgeschlossen. Allerdings sei hier auch zugegeben, dass die denkbaren Varianten letztlich alle hergeholte Konstruktionen sind, auf deren Darstellung hier deshalb verzichtet wird.

b) Qualifizierung als Tatsachenbehauptung

Die Äußerung, dass sich Schröder das Haar färbt (sich die grauen Schläfen wegtönt) ist eine Tatsachenbehauptung; denn sie ist dem Beweis zugänglich. In diesem Fall hatte Schröder Beweis angeboten durch Vernehmung seiner Friseure als Zeugen. Elemente des Meinens, Wertens oder Dafürhaltens sind in der Äußerung

„*Schröder färbt sich das Haar*" nicht ersichtlich, diese Äußerung kann folglich nicht als Meinungsäußerung angesehen werden.

An diesem Ergebnis ändert sich auch nichts dadurch, dass in dem ersten Halbsatz der Äußerung, „*es käme seiner Überzeugungskraft zugute*", eine Wertung und damit eine Meinungsäußerung gegeben ist. Es ist nämlich zum zweiten Teil der Aussage „*sich die grauen Schläfen nicht wegtönen würde*" keine inhaltliche Verbindung ersichtlich, welche die Äußerung über die Haarfarbe auf einen Tatsachenkern reduzieren und die insgesamt betrachtete Äußerung zu einer Meinungsäußerung machen würde.

c) Rechtswidrigkeit der Äußerung

Das Interesse der Öffentlichkeit ist an derartigen Äußerungen zu berücksichtigen.[148] Problematisch ist jedenfalls, dass eine Tatsachenbehauptung unterbunden wurde, die Grundlage einer öffentlichen Meinungsbildung geworden war. Es ist unzweifelhaft, dass dies auch der Beweggrund von Schröder war, ausgerechnet gegen diese Äußerung massiv vorzugehen und sich auch nicht mit der von ddp verbreiteten „Richtigstellung" zufriedenzugeben.

Aus dem Kontext, soweit er für den Rezipienten erkennbar ist, ergibt sich, dass die Äußerung sich nicht nur beiläufig mit der Haarfarbe Schröders beschäftigt, sondern dass mit ihr auch Aussagen zu seiner Glaubwürdigkeit und Überzeugungskraft verknüpft sind. Damit wird der Hinweis auf die Tönung des Haars zu einer Art Probe für wichtige Qualifikationen eines Politikers.[149] Die angegriffene Äußerung behandelt nach Ansicht des BVerfG dementsprechend nicht ein Thema mit großer politischer, sozialer oder wirtschaftlicher Tragweite, war aber auch für die Öffentlichkeit sowie für den betroffenen Bundeskanzler Gerhard Schröder nicht unbedeutend.[150]

Hier hätte entsprechend der Vermutung zugunsten der freien Rede insoweit auch von der Zulässigkeit der in diesem Interview gemachten Äußerung ausgegangen werden können. Dem stand aber nicht zu Unrecht entgegen, dass die wertende Aussage zu Schröders Glaubwürdigkeit und Überzeugungskraft mit einer unzweifelhaft unwahren Tatsachenbehauptung – die grds. von der Rechtsordnung nicht toleriert wird – verbunden ist.

---

148 BVerfG, Beschl. vom 26.08.2003, Az.: 1 BvR 2243/02, S. 6.
149 BVerfG, Beschl. vom 26.08.2003, Az.: 1 BvR 2243/02, S. 6.
150 BVerfG, Beschl. vom 26.08.2003, Az.: 1 BvR 2243/02, S. 6.

→ *Ergebnis*

Die Ansicht des BVerfG, das Thema habe keine große Bedeutung, ist zu bezweifeln, da es die meisten Rezipienten erreicht hat und von fast allen überdies auch reflektiert wurde. Dies spricht aber eher dafür, dass an dem Thema erheblich mehr „dran war", als man rein nach dem Wortlaut der Äußerung zunächst annehmen mochte. Von den erkennenden Gerichten wurde durchaus gesehen, dass sich an die Äußerung „*Schröder färbt sich das Haar*" eine politische Debatte festmachte, die für eine demokratische Grundordnung konstitutiv ist und somit auf keinen Fall behindert werden darf. Andererseits kann das Ergebnis der Entscheidungen des LG, OLG und des BVerfG – zumindest vom rein juristischen Standpunkt aus, der die Tatsache in den Mittelpunkt der Betrachtung stellt, dass diese Äußerung eine unwahre Tatsachenbehauptung als Ausgangspunkt hat,– wohl nicht ernsthaft in Zweifel gezogen werden.

Zu dem Ergebnis, dass die Äußerung – entsprechend der oben aufgestellten These – als wahre Aussage „*Schröder lügt etc.*[151]" beinhaltet, war mit dem juristischen Analyseinstrumentarium keinesfalls zu gelangen; aus juristischer Sicht wäre damit der Emittentin Schwind von Egelstein eine Aussage zugeschrieben worden, die ihre Äußerung „objektiv" nicht habe.

3. Juristische Analyse des Demonstrationsbeispiels „Affäre Friedman"

In der einschlägigen juristischen Literatur findet sich immer wieder der Hinweis, dass der SPIEGEL über eine wahre Meisterschaft verfüge, Tatsachenbehauptungen so in Meinungen „einzupacken", dass es nur sehr schwer möglich ist, die Tatsachenbehauptung, d.h. den Tatsachenkern in der Behauptung zu entdecken und diesen aus der gesamten Äußerung herauszuschälen, ohne dass dadurch der Schutz aus Art. 5 I 1 GG verkürzt wird.[152]

a) Ermittlung der tatsächlichen Aussage der Äußerung

Dementsprechend ist die Ermittlung der tatsächlichen Aussage der Äußerungen der Medien zur Affäre Friedman nicht einfach; es ist zwischen der Kernaussage und

---

151 Mit diesem „et cetera" sei ausgedrückt, dass die hinter Stellvertreterthemen verborgenen eigentlichen Aussagen eher unspezifisch und ohne feste Konturen sind.
152 Vgl. beispielhaft Damm/Rehbock, Widerruf, Unterlassung und Schadensersatz in Presse und Rundfunk, Rn. 464, mit Verweis auf: BGH NJW 1987, 1403 – Türkol II und auf: BGH NJW 1996, 1131 [1133] – Lohnkiller.

den sonstigen Aussagen, die im Zusammenhang mit der Affäre Friedman gemacht wurden, zu unterscheiden:

Die Kernaussage, bezogen auf den Empfängerhorizont, lautet: *„Friedman kokst mit Prostituierten."* Diese Kernaussage ist ergänzt mit den detaillierten Ausführungen, dass Friedman mehrere Prostituierte gleichzeitig in ein Hotelzimmer bestellt hat, bei ihm Kokain gefunden wurde, er eine Lebensgefährtin hat, die Prostituierten illegal aus Osteuropa von Menschenhändlern in die Bundesrepublik Deutschland gebracht worden sind, Friedman einen Strafbefehl über € 17.400,-- wegen illegalen BTM-Besitzes akzeptiert hat etc.

Neben dieser Kernaussage wurden in den Medien aber noch zahlreiche weitere Ausführungen gemacht, insb. zu dem Thema „Zwang zur Prostitution". Auf den ersten Blick haben diese Ausführungen nichts mit Friedman zu tun, sie scheinen unabhängig neben den Äußerungen über Friedman zu stehen. Diese Betrachtungsweise wird der Sache aber nicht gerecht. Vielmehr ist es offensichtlich, dass sich die Emittenten etwas dabei gedacht haben, als sie die Kernaussage mit Ausführungen zu „Zwang zur Prostitution" kombinierten. Dass hier, d.h. aus juristischer Sicht betrachtet, verdeckte Behauptungen[153] bzw. „verdeckte Aussagen" zu vermuten sind, dürfte außer Frage stehen.

Liegt eine verdeckte Behauptung vor, ist bei der Auslegung auf die vom Emittenten festgelegte Gedankenführung zu achten. Behauptungen, die „versteckt" sind, dürfen nicht dazu verführen, über den Weg der Interpretation Tatsachenbehauptungen zu konstruieren. Wird dem Rezipienten etwas suggeriert in Form der Mischung von offenen Einzelaussagen (Beispiel: *Friedman hat sich von Menschenhändlern eingeschleuste Prostituierte bestellt*) mit verdeckten Hinweisen (Beispiel: *„Wie können so viele Männer in und auf Frauen ejakulieren, ohne deren Not zur Kenntnis zu nehmen?"*), durch die der Rezipient auf eine bestimmte Schlussfolgerung „hingeführt" wird (These: *„Friedman ist ein* [Kraftwort][154] *"*), ist die Wertentscheidung des Art. 5 I 1 GG vorrangig.[155] Der BGH hat ausdrücklich ausgeführt, dass bei der Annahme von verdeckten Behauptungen besondere Zurückhaltung geboten ist, um die Spannungslage zwischen Ehrenschutz und Kritikfreiheit nicht einseitig unter Verletzung von Art. 5 I 1 GG zu Lasten der letzteren zu verschieben.[156]

---

153 Damm/Rehbock, a.a.O., Rn. 462, definieren „verdeckte Behauptung" mit „Tatsachenkern in Werturteil eingebettet".

154 Der hier zu ergänzende Kraftausdruck ist abhängig von Temperament und Erziehung des jeweiligen Rezipienten. Gleichzeitig soll damit angedeutet werden, dass die hinter Stellvertreterthemen verborgenen eigentlichen Aussagen eher unspezifisch und ohne feste Konturen sind.

155 Vgl. Damm/Rehbock, a.a.O., Rn. 462, mit Verweis auf: BGH NJW 1980, 2801 ff. – Medizin-Syndikat III.

156 Damm/Rehbock, a.a.O., Rn. 462, mit Verweis auf: BGH NJW 1980, 2801 ff. – Medizin-Syndikat III; BGH NJW 1987, 2225 – Chemiegift.

b) Qualifizierung als Tatsachenbehauptungen

Die Kernaussagen sind unzweifelhaft als Tatsachenbehauptungen zu werten; im Sinn der Beweiszugänglichkeitstheorie stehen diese Aussagen als etwas Geschehenes grds. dem Beweis offen.

Bei der Beurteilung eines Tatsachenkerns muss der Kontext der Äußerung berücksichtigt werden.[157] Selbst wenn in einer Meinungsäußerung ein Tatsachenkern liegt, muss dieser konkret greifbar sein. Das ist insb. dann der Fall, wenn der tatsächliche Gehalt der Äußerung so substanzarm ist, dass er gegenüber dem Wertungscharakter in den Hintergrund tritt.[158] Andere Äußerungen kommen als Kontext, der für die Ermittlung des Sinns der in Frage stehenden Äußerung heranzuziehen ist, nur dann in Betracht, wenn vom Emittenten ein eindeutiger Bezug zwischen den Äußerungen hergestellt wurde. Eine bloße Nähe der Äußerungen zueinander reicht hingegen nicht aus. Andernfalls wäre es möglich, dass der Emittent in seiner Meinungsfreiheit (Art. 5 I 1 GG) aufgrund von Meinungen eingeengt wird, die er bei anderer Gelegenheit geäußert haben mag, aber im konkreten Fall nicht kundgegeben hat. Dies ist aufgrund der Bedeutung von Art. 5 I 1 GG großzügig zu sehen, so dass selbst in dem Fall, dass die Nähe der beiden Äußerungen darin besteht, dass sie im selben Text gemacht wurden, eine Heranziehung als Kontext nicht in Betracht kommt. Außerdem wäre eine Beeinträchtigung des Prozesses der öffentlichen Meinungsbildung zu befürchten, wenn der Emittent durch mögliche Kontextzusammenhänge stets befürchten müsste, dass seine Äußerung aufgrund außerhalb stehender Fakten unzulässig sein könnte.[159] Bei der Berichterstattung über die „Affäre Friedman" ist es aber so, dass das Thema „Friedman" und die anderen Themen, insb. „Zwang zur Prostitution", weitestgehend unabhängig voneinander existieren; wenn man sich die Äußerungen zu dem einen Thema hinwegdenken würde, dann hätte dies keinen, zumindest keinen nennenswerten, Einfluss auf die Aussagen der Äußerungen zu den anderen Themen. Da die neben der Kernaussage stehenden weiteren Äußerungen nicht als Äußerungen in Bezug auf Friedman verstanden werden können, kommt es auf die Frage, wie sie zu qualifizieren sind, nicht mehr an.

---

157 Eine Meinungsäußerung wird i.d.R. immer auch eine Tatsachenbehauptung enthalten, nämlich, dass der Vorgang, der durch die Meinungsäußerung bewertet werden soll, stattgefunden hat.
158 Damm/Rehbock, a.a.O., Rn. 464, m.w.N.
159 BVerfG NJW 1990, 1980 [1981] – Anti-Strauß-Transparent.

c) Rechtswidrigkeit der Äußerung

Da bzgl. der wahren Tatsachenbehauptungen über Friedman keine straf- oder anspruchsbegründenden Tatbestandsmerkmale ersichtlich sind, entfällt die Frage nach der Rechtswidrigkeit.

→ *Ergebnis*

Die Friedman betreffenden Tatsachenbehauptungen sind – zumindest aus juristischer Sicht – entweder wahr (und z.B. auch keine Formalbeleidigungen) oder mit Aussagen über Friedman nicht in Bezug zu bringen. Die sich aus der Kombination der verschiedenen Themen ergebende Aussage „*Friedman ist ein* [Kraftwort][160]" lässt sich mit den juristischen Methoden zur Analyse der tatsächlichen Aussage nicht herleiten. Die oben aufgestellte These lässt sich auch in diesem Fall nicht mit den juristischen Instrumentarien bestätigen.

---

160 Der hier zu ergänzende Kraftausdruck ist abhängig von Temperament und Erziehung des jeweiligen Rezipienten. Gleichzeitig soll damit angedeutet werden, dass die hinter Stellvertreterthemen verborgenen eigentlichen Aussagen eher unspezifisch und ohne feste Konturen sind.

IV. Rechtliche Probleme mit Stellvertreterthemen

1. Schlussfolgerung aus den Ergebnissen der Analysen

Bei der Gegenüberstellung der linguistischen Analyse und der juristischen Analyse ist grds. zu beachten, dass eine linguistische Analyse primär das Verstehen eines Textes als Ziel hat, während eine juristische Analyse primär auf eine Handlungsanweisung ausgerichtet ist. Dadurch ergeben sich schon im vorhinein gewisse Kompatibilitätsprobleme, die unter Umständen den Eindruck entstehen lassen, die juristischen Methoden zur Ermittlung der tatsächlichen Aussage einer Äußerung seien „oberflächlich".

Auf der Ebene einer rechtlichen Regulierung bietet sich keine Lösung an. Die den juristischen Analyseansätzen aus Art. 5 I GG auferlegte Zurückhaltung lässt eine Ermittlung „weiterer Inhalte", wie vergleichsweise mit linguistischen Analysemethoden, bzw. eine Übernahme der mit linguistischen Methoden gewonnenen Ergebnisse, nicht zu: Vielmehr ist bei der juristischen Analyse der tatsächlichen Aussage einer Äußerung geboten, weitestgehend am Wortlaut der Äußerung und damit an der „direkten Aussage" kleben zu bleiben. An gut „verdeckte Aussagen" ist praktisch kein herankommen – abgesehen von den seltenen Fällen, in denen die betreffende Äußerung als unrichtige Tatsachenbehauptung qualifiziert werden kann.

Bei der „Abwehr" von Stellvertreterthemen durch Unterbinden der Verbreitung unrichtiger Tatsachenbehauptungen – wie im Demonstrationsbeispiel „Schröders Haarfarbe – muss aber auch darüber nachgedacht werden, ob es hinnehmbar sein kann, dass dadurch auch das hinter dem Stellvertreterthema liegende eigentliche Thema, welches meist eine Meinungsäußerung ist, in seiner Verbreitung zumindest behindert wird.

Andererseits muss darüber nachgedacht werden, ob den „Opfern" von Stellvertreterthemen geeignete Schadensersatz- und Unterlassungsansprüche zugestanden werden müssten und sie nicht nur auf eine – faktisch indirekte – Abwehr von unwahren Tatsachenbehauptungen zu verweisen. Das würde dann aber bedeuten, dass – wie im Demonstrationsbeispiel „Affäre Friedman" gezeigt – wahre Tatsachenbehauptungen in ihrer Verbreitung behindert würden. Dies kann, auch wenn wahre

Tatsachenbehauptungen nach wohl überwiegender Ansicht nicht unmittelbar in den Schutzbereich des Art. 5 I GG fallen, nicht hinnehmbar sein.[161]

Auf der Ebene der Selbstregulierung, denkbar etwa durch die Rundfunkräte oder den Deutschen Presserat, d.h. quasi auf dem Gebiet der Medienethik, bietet sich keine Lösung an:
Medienethik dient dazu, die menschliche Wirklichkeit zu verstehen und darüber zu kommunizieren, d.h. einen Diskurs über die menschliche Praxis zu führen. Dies soll zu Maßstäben und Richtlinien führen, die ordnend und gestaltend wirken. Es gibt in der Medienethik keine direkte Sanktionsfolge wie etwa im Medienrecht. Die Sanktion liegt in der gesellschaftlichen Reaktion auf ein bestimmtes Verhalten. Sie spricht im Gegensatz zum Recht auch moralische Ressourcen an. (*„Spüren Sie das auch?"*) Medienethische Normen bestehen aus Werten. Die Medienethik formuliert Wünsche für bestimmte Verhältnisse, wobei in der Praxis diese Wünsche in Erwartungen, die entsprechend durchgesetzt werden, umschlagen.

Eine Lösung etwa dahingehend, dass grds. differenziert werden könne zwischen dem, was einerseits rechtlich erlaubt oder verboten ist und andererseits dem, was ethisch gewünscht ist – vielleicht sogar mit der Maßgabe, dass grds. rechtlich immer ein wenig mehr erlaubt sein müsse, als ethisch zu wünschen ist – ist in der Praxis nur auf den ersten Blick eine charmante Lösung. Unzweifelhaft könnte hier sehr dynamisch den jeweils in der Gesellschaft geltenden ethischen Normen gefolgt werden, mit dem Recht als „Grenze", deren Überschreitung absolut unerwünscht ist, innerhalb derer aber dynamische und vor allem zeitnahe Anpassungen der geltenden Normen an die jeweiligen gesellschaftlichen Gegebenheiten möglich wären. Auf den zweiten Blick steckt in diesem Ansatz aber schon in der Grundannahme ein gefährliches Problem:

Erfahrungsgemäß gibt es in solchen Situationen immer auch sofort Zeitgenossen, die sich, wie Marcel Reich-Ranicki es formuliert, als „Meinungs-Schiedsrichter" aufspielen und vorzuschreiben versuchen, was gesagt werden darf und was nicht. Weder eine gesellschaftliche Legitimation, wie etwa beim parlamentarischen Normgeber, noch eine unbestrittene Urheberschaft der Normgebung ist denkbar, insb. schon deshalb nicht, weil die Geber ethischer Normen nicht all-

---

161 Der wesentlichste Grund hierfür ist, dass die politische Willensbildung in der Bevölkerung denknotwendig von dem zur Verfügung stehenden Tatsachenwissen bestimmt ist – alle Meinungsbildung beruht immer auch auf einer vorangegangenen Tatsachenwahrnehmung! Wer den Zugang zur Wahrnehmung von Tatsachen steuert – Beispiel aus den Medien: Navigatoren im digitalen Rundfunk – wirkt damit auch auf die Willensbildung in der Bevölkerung ein und nimmt hierüber dann auch Einfluss auf den Staat, da dieser (zumindest ideell) seine Aufgabe darin hat, den politischen Willen des Volkes umzusetzen.

gemein bekannt sind. Es stellt sich also in diesem Fall die Frage nach der Definitionsmacht[162]!

Man wird also unter rechtsstaatlichen Gesichtspunkten sagen müssen, dass das, was rechtlich betrachtet legal ist, auch im Ergebnis nicht rechtswidrig sein kann – ungeachtet, ob das Ergebnis eigentlich zu missbilligen ist.[163]

2. Die wesentlichen rechtlichen Probleme

Der Vergleich der juristischen Analyse mit der linguistischen Analyse bringt grundlegende Probleme beim rechtlichen Umgang mit Stellvertreterthemen ans Licht:

a) Problem der Machbarkeit

Das so genannte juristische Machbarkeits-Problem (teilweise auch Bewältigungs-Problem genannt) – das es angeblich gar nicht gibt... – meint, dass faktisch die Durchsetzung von Rechten bzw. die Sanktionierung von deliktischen Handlungen in der Praxis nicht nur davon abhängen, dass die Tatbestandsmerkmale der Anspruchsgrundlage bzw. der Sanktionsnorm tatsächlich vorliegen, sondern auch davon, ob die notwendigen „Ressourcen" für die Durchsetzung des Anspruchs[164] bzw. für die Durchsetzung der Sanktion ausreichen.[165]

---

162 Gemeint im Sinn des Labeling-approach (Etikettierungsansatz): Gesellschaftliche Realität wird nach dieser Ansicht dadurch geschaffen, dass die vorgefundenen gesellschaftlichen Gegebenheiten mit Zuschreibungen versehen werden (etikettiert werden). Beispiel: Bewertung eines bestimmten Tuns als „sozial auffällig" oder gar als „kriminell" – was dann auch entsprechende gesellschaftliche Reaktionen auslöst. Wenn man diesem Ansatz folgt, stellt sich folgende zwingende Frage: Wer bestimmt denn im konkreten Einzelfall, dass ein bestimmtes Tun als „kriminell" zu bewerten ist? Beziehungsweise: *Wer hat die Definitionsmacht?*
163 Und auch ungeachtet, ob sich der Gesetzgeber um das Problem gedrückt hat.
164 Allgemeine Erfahrungsregel für Rechtsanwälte: Klagen, die im Verhältnis zu ihrem Streitwert (oder ihre sonstige Bedeutung) „unverhältnismäßig" aufwendig sind, verliert man.
165 Besonders ausführlich wurde dieses Phänomen anhand der Entscheidungen von Strafrichtern im Zwischenverfahren – d.h. bei der Frage, ob eine von der Staatsanwaltschaft verfasste Anklageschrift den Anforderungen entspricht und als „Grundlage" einer durchzuführenden Hauptverhandlung („eigentlicher Strafprozess") tauglich sein kann – untersucht. Es hat sich u.a. gezeigt, dass die Strafrichter die in der Anklageschrift aufgezählten Beweismittel nicht nur daraufhin prüfen, ob zu allen gesetzlich vorgesehenen Tatbestandsmerkmalen ein Beweismittel zur Verfügung steht, sondern auch unter dem Kriterium „Geeignetheit" – unbewusst! – auch eine Prognose dahingehend stellen, ob das Beweismittel „brauchbare Ergebnisse" liefern wird

Dieses Problem macht sich gerade in der Praxis des Äußerungsrechts bemerkbar. Komplexe Zusammenhänge von Äußerungen werden in der Praxis oft – entgegen dem Gebot zur Betrachtung des Gesamtkomplexes – „aufgebrochen" und nur „kleine handhabbare Bruchstücke" der Äußerung werden zum Gegenstand des Verfahrens gemacht. So wurde z.b. das Interview, das dem Beispiel „Schröders Haarfarbe" zu Grunde liegt, letztlich auf einen einzigen Satz reduziert. Bei Stellvertreterthemen besteht also nicht nur das Problem, dass sie überhaupt einmal aufgefunden und bestimmt werden müssen, sondern es besteht auch das Problem, dass die „verdeckten Aussagen" nur in einem Äußerungskomplex – sozusagen zwischen den Zeilen – existieren. Damit sind Stellvertreter i.d.R. „juristisch nicht machbar"[166].

Hinzu kommt dann noch das Problem des oftmals fehlenden linguistischen Verständnisses der juristisch Tätigen, die sich i.d.R. auf ihr vorgebliches „natürliches Sprachempfinden" verlassen.

b) Problem der heranzuziehenden Wertmaßstäbe

Es schließt sich ein weiteres Problem an, nämlich die Frage nach den zu Grunde zu legenden Wertmaßstäben. Gerade bei Stellvertreterthemen ist dieses Problem besonders relevant. Beispiel:

Im Rahmen der Diskussion um die Affäre Friedman erregten sich etliche juristische Kommentatoren darüber,[167] dass in den Medien Friedman zum Vorwurf gemacht wurde, dass er die Dienste von Prostituierten in Anspruch genommen habe; schließlich sei in Deutschland die Inanspruchnahme derartiger Dienste nicht strafbar und zivilrechtlich durch das ProstitutionsG weiter legalisiert worden...

Interessant ist, dass vielfach angenommen wird, das Recht sei der einzige relevante Beurteilungsmaßstab für Äußerungen in den Medien. Dies kommt insb. in von Juristen verfassten Beiträgen zum Ausdruck, etwa wenn Beschwerde geführt wird, *„dass die Medien bei ihrer Berichterstattung in Wahrung althergebrachter ‚Sex & Crime-Klischees' die Existenz des am 01.01.2002 in Kraft getretenen Prostitutionsgesetzes (...), wonach die freiwillige Prostitution[168] nicht mehr als sittenwidrig*

– was faktisch aber vorweggenommene und damit unzulässige Beweiswürdigung darstellt.
166 Und dementsprechend werden z.B. die meisten Rechtsanwälte in solchen Fällen davon abraten, etwas zu unternehmen.
167 Vgl. z.B. Schaefer, NJW 2003, 2210 f. oder Rautenberg, NJW 2003, 2428 ff.
168 Dabei ist in der Affäre Friedman vielmehr von unfreiwilliger Prostitution die Rede.

anzusehen ist, nahezu vollständig ausgeblendet haben."[169] Unreflektiert bleibt somit, dass es neben den juristischen Maßstäben auch moralische und ethische Maßstäbe gibt, die in den entsprechenden Beiträgen in den Medien reflektiert werden, etwa dass Michel Friedman im Zeitpunkt des Ereignisses eine Lebensgefährtin hatte, was nach den herrschenden Normen der Moral bzw. Ethik geboten hätte, keine sexuellen Kontakte zu anderen Frauen aufzunehmen.

Dieses Problem wird in der juristischen Diskussion aber keineswegs ignoriert, auch wenn konkrete Handlungsanweisungen kaum vorgeschlagen werden können; es wird immerhin ein entsprechendes Bewusstsein oder gar Verantwortungsbewusstsein angemahnt.[170]

c) Problem der Bestimmtheit

Ein förmliches Gesetz muss ausreichend bestimmt bzw. genau sein. Je schwerwiegender die Auswirkungen einer Regelung sind, desto genauer müssen die gesetzlichen Vorgaben sein. Die Rechtslage muss für den Betroffenen erkennbar sein, damit er sein Verhalten darauf einrichten kann.[171] Was wesentlich für die Grundrechtsausübung ist, darf nicht anderen überlassen werden.[172] Das Gebot der ausreichenden Bestimmtheit von Rechtsvorschriften[173] bezieht sich auf die Gesamtheit der für eine bestimmte Frage relevanten Rechtsvorschriften.[174]

Rechtsvorschriften sind dementsprechend so genau zu fassen, wie dies nach der Eigenart der zu ordnenden Lebenssachverhalte mit Rücksicht auf den Normzweck möglich ist. Der Bestimmtheitsgrundsatz gebietet auch, dass eine gesetzliche Ermächtigung zur Vornahme von Rechtsakten nach Inhalt, Zweck und Ausmaß hinreichend bestimmt und begrenzt sein muss, so dass das Handeln der Judikative

---

169 Rautenberg, NJW 2003, 2428.
170 Seitz (2), Meinungsfundamentalismus, NJW 2003, 3523 [3524]: In dem zu Stellvertreterthemen zumindest von den Auswirkungen analogen Problem des Meinungsfundamentalismus setzt wohl auch Seitz auf eine Rückbesinnung auf ein entsprechendes Bewusstsein: *„Kehren wir zurück zu einen sachlichen Umgang miteinander, zur Argumentation. Wir brauchen nicht unbedingt die schonendste Ausdrucksweise. (...) Wer seine Meinung mit einer Kalaschnikow herausschießt, darf damit keinen Erfolg haben. Das gilt für alle Bereiche* (von Äußerungen)" Aus dem Kontext wird deutlich, dass hier gerade auch ein Umdenken bei den Juristen angemahnt wird.
171 Jarass/Pieroth, Art. 20, Rn. 54, mit Verweis auf: BVerfGE 49, 168 [181]; 59, 104 [114]; 86, 288 [311]; Jarass/Pieroth, Art. 103, Rn. 48, mit Verweis auf: BVerfGE 25, 269 [285]; 78, 374 [381 f.]; 87, 363 [391 f.]; 92, 1 [2].
172 Jarass/Pieroth, Art. 20, Rn. 55.
173 BVerfGE 49, 168 [181]; 59, 104 [114]; 62, 169 [183]; 80, 103 [107 f.]
174 Jarass/Pieroth, Art. 20, Rn. 60.

bzw. Exekutive messbar und – zumindest in einem gewissen Mindestmaß – für den Einzelnen voraussehbar und berechenbar ist.[175] Das Bestimmtheitsgebot ist verletzt, wenn der Judikative bzw. Exekutive eine willkürliche Handhabung ermöglicht wird.[176]

Die Analyse von Stellvertreterthemen beruht jedoch zu einem erheblichen Teil auf Interpretation durch den Rezipienten. Man kann den Vorgang „Interpretation" dahingehend definieren, dass der Rezipient sich die wahre Aussage einer Äußerung dadurch erschließt, indem er den zu analysierenden Text „im Spiegel seiner Seele" betrachtet, d.h. dass der Rezipient in seinem Bewusstsein das Bewusstsein des Autors zu simulieren sucht.[177]

Dass diese Simulation, zumindest in den Grundzügen, mit dem Bewusstsein des Emittenten übereinstimmt, beruht darauf, dass die anthropologische Ausgangslage bei allen Menschen gleich ist, beziehungsweise das kulturelle Umfeld bei allen Menschen relativ ähnlich ist.[178] Zu beachten ist jedoch, dass der Interpretation aber auch immer ein „Leitkonzept"[179] zu Grunde liegt, welches sich u.a. auch in den gewonnenen Erkenntnissen widerspiegelt.[180] Dieses „Leitkonzept" ist aber maßgeblich durch die jeweilige Individualität des Rezipienten geprägt und führt daher bei jedem Individuum zu jeweils leicht unterschiedlichen Ergebnissen.

Diese wenn auch geringe Variantenbreite ist jedoch nicht mehr mit dem Gebot der Bestimmtheit, insb. i.S.v. Vorhersehbarkeit, in Übereinstimmung zu bringen.

d) Problem: Persönlichkeitsrechte ↔ Aufgaben der Medien

Auf der einen Seite stellt das allgemeine Persönlichkeitsrecht aus Art. 2 I i.V.m. Art.1 I GG eine verfassungsimmanente Schranke der Medienfreiheit aus Art. 5 2 GG dar: Geschützt wird das „Person-Sein" in zwei verschiedenen Richtungen: Zum einen wird der Privatbereich geschützt, d.h. das allgemeine Persönlichkeitsrecht hat insoweit die Aufgabe, einen geschützten Bereich der Privat- und Intimsphäre vor Dritten bzw. der Öffentlichkeit abzuschirmen, wobei die räumliche Pri-

---

175 Jarass/Pieroth, Art. 20, Rn. 61, mit Verweis auf: BVerfGE 56, 1 [12]; 9, 137 [147].
176 Jarass/Pieroth, Art. 20, Rn. 61, mit Verweis auf: BVerfGE 80, 137 [161].
177 Zur weiteren Vertiefung des Problems des Verstehens eines anderen durch Simulation wird verwiesen auf: Schneider, Grundlagen der Kriminalprognose, Kap. 5.
178 Es gibt natürlich eine Reihe weiterer Erklärungen; aber wie schon oben bei den Erklärungsansätzen zu den Sprachbildern sind auch hier diejenigen Erklärungen, die auf die anthropologische Ausgangslage abstellen, die überzeugendsten.
179 Das ist eine Fragestellung, die maßgeblich durch das bereits vorhandene Vorwissen (Vorurteile) des Rezipienten geprägt ist.
180 Eckert, a.a.O., S. 164, m.w.N.

vatsphäre nicht auf den häuslichen Bereich beschränkt werden darf. Zum anderen wird der Einzelne in seinem Auftreten in der Öffentlichkeit als Form der persönlichen Entfaltung und als Form der sozialen Identität geschützt.[181]

Auf der anderen Seite nehmen die Medien eine öffentliche Aufgabe wahr: Sie wirken durch Nachrichtenbeschaffung und -verbreitung sowie durch Stellungnahmen, Kritik etc. an der Meinungsbildung mit. Die Aufgabe der Medien kann dementsprechend umschrieben werden als die organisatorische Herstellung und Bereitstellung von Themen zur öffentlichen Diskussion. Hierzu wird von den Medien eine „sinnvolle" Auswahl aus den Informationen vorgenommen und die ausgewählten Informationen werden entsprechend bearbeitet. Ergebnis sind die durchsetzungsfähigen Informationen die sich „bewährt" haben, d.h. die aktuell und interessant sind und einen hohen Nachrichtenwert haben („an denen etwas dran ist"). Entscheidend ist damit die Frage nach der zugewiesenen Rolle:

- Nach einer Ansicht haben die Medien die Rolle des Mediators, d.h. sie hätten sich auf den so genannten Verlautbarungsjournalismus zu beschränken. Sie hätten faktisch nur als Sprachrohr der entsprechenden Interessenverbände zu fungieren, indem sie deren Informationen lediglich – allenfalls gekürzt – weiterzugeben hätten. Diese Rolle sei die den Medien einzig angemessene, da Journalisten nicht die notwendige Übersicht hätten und deshalb die Beschränkung auf Weitervermittlung der Informationen sinnvoll sei. Gegen diese Rollenzuweisung spricht, dass in diesem Fall die Kontrollfunktion der Medien erheblich beeinträchtigt wäre. Außerdem wären die ungleichen Artikulationschancen der unterschiedlichen gesellschaftlichen Gruppen ein Problem.

- Nach anderer Ansicht haben die Medien die Rolle des Kommunikators, d.h. sie üben eine Vermittlungstätigkeit innerhalb der Gesellschaft aus. Gegen diese Rollenzuweisung spricht, dass dies faktisch eine erhebliche Machtposition für die Medien darstellen würde, welche diese aber nicht haben und schon gar nicht ausnützen sollten.

Die Aufgaben der Medien beschränken sich nicht darauf, einfach nur Informationen an die Rezipienten weiterzugeben (sog. Verlautbarungsjournalismus). Nach h.M., insb. nach der ständigen Rechtsprechung des EGMR, haben die Medien vielmehr auch die Rolle des „public watchdog" – die Medien sollen also die Rolle eines Kommunikators übernehmen. Dementsprechend gehört es zu den Aufgaben der Medien, Stimmungen, allgemeine Gefühlslagen etc. – seien sie auch noch so latent oder unspezifisch – wiederzugeben und dadurch zur öffentlichen Meinungsbildung beizutragen. Diese unspezifischen Inhalte müssen also zusammen mit den

---

181 Jarass/Pieroth, Art. 2 GG, Rn. 30.

zugehörigen Tatsachen ebenfalls übermittelt werden.[182] Damit muss es den Medien grds. auch gestattet sein, dies anhand von Stellvertreterthemen zu tun.

Die Tatsache, dass die Medien die Rolle eines gesellschaftlichen Kommunikators innehaben, kann aber kein Freibrief dafür sein, jeden Skandal, Aufreger etc. aufzugreifen, der irgendwie ein populäre Pointe haben könnte. Das Privatleben der Mitmenschen, und seien sie noch so prominent, muss der Volksbelustigung wie der Volkspädagogik entzogen bleiben.[183] Gerade bei Stellvertreterthemen in ihrer meist spektakulären Aufmachung ergeben sich hier erhebliche Probleme, für die in der Abwägung zwischen dem Persönlichkeitsrecht des Betroffenen einerseits und der öffentlichen Aufgabe der Medien andererseits kaum eine befriedigende Lösung zu finden ist.

Insbesondere kommt man hier auch nicht damit weiter, dass den Medien als Korrelat der Wahrnehmung ihrer öffentlichen Aufgabe zuerkannt wird, in Wahrnehmung berechtigter Interessen[184] handeln zu können.[185] Die Wahrnehmung berechtigter Interessen wirkt im Wesentlichen nur dort rechtfertigend, wo eine ihrer Aussage nach zulässige Äußerung zu drastisch formuliert wurde; bei Stellvertreterthemen geht es aber um Äußerungen, deren Aussage sich nicht direkt ergibt. Das ist etwas anderes.

e) Problem: Persönlichkeitsrechte ↔ öffentliches Interesse

Die Persönlichkeitsrechte finden eine weitere Grenze in medialen Äußerungen, an denen ein öffentliches Interesse besteht. Die Nachrichtenauswahl kann beschrieben werden als eine Selektion aus der Flut von Informationen im Auftrag der Gesellschaft mit dem Ziel, die für die Öffentlichkeit bedeutsamen Informationen herauszufiltern. Informationen, an denen ein öffentliches Interesse besteht, sind aber nicht nur die „reinen" Informationen an sich (i.S.v. plaintalk)[186], sondern auch die zugehörigen Informationen, welche die „allgemeine Gefühlslage" betreffen.

---

182 Folglich umfasst die mediale Grundversorgung – wie sie etwa vom öffentlich-rechtlichen Rundfunk zu gewährleisten ist – auch Unterhaltungsshows und beschränkt sich keineswegs nur auf solche kulturell hochstehende Formate, die vor allem deshalb als kulturell hochstehend bewertet werden, weil sie nur noch von ganz wenigen rezipiert werden.
183 Jessen, a.a.O., Sp. 3.
184 Bei der Wahrnehmung berechtigter Interessen handelt es sich um einen in § 193 StGB geregelten Rechtfertigungsgrund, dessen Geltung nach h.M. sich auf die gesamte Rechtsordnung erstreckt.
185 Paschke, Medienrecht, Rn. 316; Schmitt, Strafrecht, Rn. 60.
186 Das wäre eine Form des nicht gewollten Verlautbarungsjournalismus.

In Stellvertreterthemen artikuliert sich i.d.R. ein derartiges öffentliches Interesse. Denn Stellvertreterthemen vermögen, wie gezeigt, insb. solche Inhalte zu transportieren, die sich direkt gerade nicht bzw. zumindest nicht in entsprechender breitenwirksamer Weise an die Rezipienten vermitteln lassen, gleichwohl aber von allgemeinem Interesse sind.

Die Tatsache, dass das „Opfer" den Anlass zur entsprechenden Berichterstattung gegeben hat – etwa weil es besondere Autorität für sich in Anspruch nimmt, den damit verbundenen persönlichen Anforderungen aber nicht gerecht geworden ist – kann weder den Freibrief für die Medien darstellen, nunmehr das „gesamte" Thema auf dessen Kosten auszudiskutieren. Andererseits kann es aber auch nicht angehen, dass das öffentliche Interesse an entsprechenden Informationen zurückgestellt wird, nur weil die Berichterstattung für den Betreffenden unangenehm ist. Auch hier ist es praktisch kaum möglich, zwischen den Persönlichkeitsrechten einerseits und dem öffentlichen Interesse einen angemessenen Ausgleich zu finden, wenn das entsprechende Ereignis anhand eines in seinen tatsächlichen Aussagen nur schwer fassbaren Stellvertreterthemas diskutiert wird.

Man wird jedenfalls nicht pauschal sagen können, das öffentliche Interesse bestehe nur an der eigentlichen Aussage und an allem anderen, insb. an dem, was vordergründig diskutiert wird, nicht. Diese Ansicht würde die Funktion von Stellvertreterthemen als Mittel zur Diskussion „latenter", „unspezifischer" oder sonst kaum artikulierbarer Gegenstände verkennen.

→ Fazit der Betrachtung

Es kommt zu unauflöslichen Widersprüchen. Letztlich beruhen diese Widersprüche auf dem wohl unüberbrückbaren Gegensatz von verständnisbezogener und handlungsanweisungsgebender Weltsicht, d.h. dass hier das Problem besteht, dass eine verständnisbezogene Sicht letztlich in ihren Ergebnissen nicht „eindeutig genug" erscheint, um Grundlage für eine direkt auf Handlungsanweisungen ausgerichtete Sicht zu sein.

Die mit Stellvertreterthemen verbundenen Probleme sind deshalb mit rechtlichen Regelungen nicht zu lösen, weder mit den bestehenden noch durch fiktive. Es würden nämlich rechtsstaatliche Grenzen, insb. hinsichtlich der Meinungsfreiheit (Art. 5 I GG) übersprungen. Die Probleme sind auch nicht mit journalistischen (medienethischen) Regelungen, d.h. auf der Ebene der Selbstregulierung, zu lösen, etwa durch eine entsprechende Ergänzung des Pressekodex, da dem letztlich dieselben Probleme entgegenstehen, wie einer juristischen Lösung.

Letztlich ist mit Stellvertreterthemen ein unauflösliches Dilemma gegeben: Einerseits ist es nicht wünschenswert, dass – wie im Fall „Schröders Haarfarbe" – eine öffentliche Diskussion unterbunden wird, in dem ihr die, wenn auch nur stellvertretende, argumentative Basis – hier: *„Schröder färbt sich das Haar"* – entzogen wird. Andererseits ist es ebenso wenig wünschenswert, dass – wie bei der „Affäre Friedman" – eine öffentliche Diskussion auf Kosten eines Einzelnen, der mehr oder weniger willkürlich als Stellvertreter für das Gesamte herausgepickt wurde, geführt wird. Man kann aber auch nicht fordern, dass öffentliche Diskussionen, die sich an Stellvertreterthemen festmachen, von diesen getrennt und die öffentlich diskutierten Themen „offen und ehrlich" benannt werden sollten; die entsprechenden öffentlichen Diskussionen würden dadurch klarer und transparenter und es würde dann auch niemand ein „Opfer" der Medien, indem er als Stellvertreter, d.h. als pars pro toto instrumentalisiert wird. Diese Ansicht verkennt die Mechanismen einer Massenkommunikation, insb. die Tatsache, dass in einer Massenkommunikation die „rationalen Fakten" nicht als solche Gegenstand sein können, sondern immer nur im Verband mit den zugehörigen Emotionen. Das wäre so, als wenn man eine Steuerreformdiskussion führen wollte ohne die Furcht, man könnte „irgendwie doch" zu den Verlierern gehören.

Im übrigen muss berücksichtigt werden, dass es immer entsprechende Gründe geben wird, wenn eine öffentliche Diskussion nicht direkt am eigentlichen Thema selbst festgemacht wird, sondern – obgleich komplizierter – an einem Stellvertreterthema.

Damit ist folgendes Fazit aus der vorliegenden Betrachtung zu ziehen: Stellvertreterthemen als mediales Phänomen müssen wohl hingenommen werden. Ein entsprechendes Bewusstsein oder gar Verantwortungsbewusstsein bei allen Beteiligten für die Auswirkungen von Stellvertreterthemen könnte allerdings helfen.

Dokumentation der analysierten medialen Äußerungen

Die MELDUNG DDP 98 vom 23.01.2002 beinhaltete das nachfolgend dokumentierte ein Interview, das Mitarbeiter der Nachrichtenagentur ddp mit der Imageberaterin Sabine Schwind von Egelstein im Januar 2002 geführt hatten. Da die Meldung zurückgezogen werden musste, ist die nachfolgende Dokumentation auf die Passagen beschränkt, die erreichbar waren und Gegenstand der vorliegenden Betrachtung sind:

Imageberaterin: Stoiber muss lockerer werden

Bilder machen Kanzler

(...) Der Kanzler habe eine menschliche und sympathische Art, mit Menschen umzugehen (...) In Sachen Outfit könnte Schröder (...) jedoch noch etwas für sich tun: (...) Sein durchgehend dunkles Haar wirke zudem unglaubwürdig. Es käme seiner Überzeugungskraft zugute, wenn er sich die grauen Schläfen nicht wegtönen würde. (...)

Der SPIEGEL 26/2003 brachte als Titelthema auf den Seiten 44 bis 56 den nachfolgend dokumentierten Bericht von Andrea Brandt, Renate Flottau, Almut Hielscher, Carsten Holm, Marion Kraske, Felix Kurz, Udo Ludwig, Christian Neef, Heiner Schimmöller, Caroline Schmidt, Holger Stark und Wilfried Voigt. Die Dokumentation ist auf die ersten achtzig Sätze beschränkt, etwa ein Drittel des Artikels, da nur diese für die vorliegende Betrachtung eine Rolle spielen. Der Artikel enthält mehrere Fotos und eine Grafik, die in der nachfolgenden Dokumentation übergangen wurden, da sie für die vorliegende Betrachtung keine nennenswerte Rolle spielen:

Verkauft wie eine Kuh

Die Ermittlungen gegen Berliner Zuhälter, in die Fernsehmoderator Michel Friedman geriet, zeigen die Brutalität im Milliardengeschäft mit der Importware Sex: Menschenhändler locken junge Frauen aus Osteuropa mit Geld und Glitzer – und hier werden sie dann erniedrigt und zerstört.

Sie verkauften ihren Körper gleich dort, wo sie die Kunden trafen: im Schatten einer Marmorsäule oder im Laub hinter Grabsteinen. Der Lohn für das Leid blieb stets gering: Mal gab es einen Korb voll Fisch, mal einen Krug Wein.

Die billigeren Dirnen im antiken Athen, „Wölfinnen" genannt, wurden aus vielen Ländern des Orients importiert, sie waren bald unverzichtbar für den schnellen Sex. Doch sie wurden erbarmungslos ausgebeutet, gehalten wie Sklavinnen, und es war ihnen verboten, das Land wieder zu verlassen.

Es hat sich nicht so viel geändert am Geschäft mit der Importware Sex im alten Europa – das zeigt beispielsweise der Fall einer internationalen Zuhältergang, die 160 Frauen aus Osteuropa in Sachsen-Anhalt und Thüringen ausbeutete.

Unter der Herrschaft eines Usbeken und eines Russen schleuste der mafiaähnlich organisierte Ring über Jahre hinweg junge Frauen mit gefälschten Pässen in den Osten Deutschlands. Einige der Mädchen waren erst 18 Jahre alt. Um den Freiern ständig „Frischfleisch" anbieten zu können, organisierte die Bande ein ausgeklügeltes Tauschsystem. „Wie in einem Karussell", so Staatsanwalt Norbert Hartge, karrten die Verbrecher ihre Ware von Erfurt nach Braunsbedra, von Naumburg noch Obersdorf. Dort mussten die Huren in heruntergekommenen Schuppen tun, was die Kunden wollten – und das hatte nicht immer viel mit dem zu tun, was in Aufklärungsbüchern als normaler Sex beschrieben wird.

Den Lohn mussten die Frauen fast komplett bei ihren Zuhältern abgeben. Sie durften die Nachtclubs stets nur unter Bewachung verlassen. Und wer nicht spurte, den brachten die Peiniger schnell wieder auf Trab. Als einmal eine Frau schwanger wurde, fesselte einer der Männer sie und vergewaltigte sie mehrfach.

Erst als die schwer bewaffnete Anti-Terror-Einheit GSG 9 im April 2001 in der Operation „Belorus" die illegalen Bordelle stürmte, kamen die Frauen frei. Gegen einen Haupttäter verhandelt derzeit das Landgericht Halle. Der Oberboss aus Weißrussland ist noch flüchtig.

Der Handel mit jungen Frauen aus Osteuropa ist zu einem gigantischen Geschäft geworden. In den vergangenen zehn Jahren sind nach einer Analyse des Europarates die Profite der Zuhälter und Schleuser um 400 Prozent gestiegen. 500 000 Frauen werden derzeit in Europa im Netz organisierter Banden festgehalten.

Die Prostituierten bringen ihren Peinigern nach Schätzungen jährlich bis zu 13 Milliarden Dollar ein, und die stecken das Gold oft direkt wieder in Geschäfte mit Drogen und Waffen. Die Frauen sind so die Basis für ein komplett konspiratives Wirtschaftssystem, ein grenzüberschreitendes Geflecht von Schmugglern, Schleppern und Zuhältern, Passfälschern, Kontakthändlern, Waffen-, Auto- und Kokainschiebern.

Nach vorsichtigen Schätzungen der Huren-Hilfsorganisation Hydra kommt inzwischen die Hälfte der 400 000 Frauen, die in Deutschland anschaffen gehen, aus dem Ausland. Mit mindestens sechs Milliarden Euro sorgen sie für einen Umsatz etwa so hoch wie der des Adidas-Konzerns.

Auch wenn in den letzten Jahren internationale Organisationen wie die EU oder die OSZE massiv Front gegen die Ausbeutung junger Frauen aus Osteuropa machen, auch wenn deutsche Behörden ihren Kampf forciert haben – die Lage hat sich wohl kaum gebessert. „Je mehr wir kontrollieren", sagt der nordrhein-westfälische Innenminister Fritz Behrens, „das Problem Menschenhandel ist eher noch größer geworden." Und: Mit dem EU-Beitritt etwa der baltischen Staaten erwarten Fahnder, dass eine Welle neuer Arbeitskräfte ins Milieu schwappt.

Und hier zu Lande werden die illegalen keineswegs nur von Kunden der Unterschicht in Anspruch genommen – schon der Schriftsteller Stefan Zweig hämte schließlich, die Prostitution sei „das dunkle Kellergewölbe, über dem sich mit makellos blendender Fassade der Prunkbau der bürgerlichen Gesellschaft" erhebe. Der Bürger im Puff ist heute vor allem der Bildungsbürger. Nach einer der wenigen wissenschaftlichen Studien über Freier aus dem Jahr 1994 lag der Anteil der Männer mit Abitur bei 19 Prozent – deren Anteil unter den Freiern aber bei 41,6 Prozent.

Für die deutsche Elite, die in den Puff strebt, sagt Uta Falck von Hydra, spiele auch Geld keine Rolle mehr. Und für Prominente sei es nicht außergewöhnlich, dass sie regelmäßig 1500 Euro für ein paar Stunden mit zwei oder drei Frauen zahlen. Omnipräsenz und Omnipotenz soll eben auch nach Feierabend sein, notfalls mit Hilfe des stärkenden Kokains.

Doch anders als im antiken Athen oder in Rom, wo sich selbst Päpste zu ihren Kurtisanen bekannten und ein einschlägiges Manual stolz 72 Stellungen – darunter auch so verheißungsvolle wie „Kirche im Glockenturm" – zum Beweis klerikaler Vielseitigkeit aufführte, ist heute Heuchelei und Versteckspiel die Regel.

Wann immer ein Prominenter mit einer Hure ertappt wird, ist die Empörung groß: ob in den USA, wo Filmheld Hugh Grant beim „Blow-Job" in einer Seitenstraße des Sunset Boulevard die Aufmerksamkeit einer Polizeistreife erregte oder die Callgirl-Chefin Heidi Fleiss über ihren Kundenstamm auspackte, der aus Hollywood-Größen bestand – oder in Deutschland, wo ein prominenter Sportreporter auf ZDF-

Papier eine ihm zu hoch scheinende Bordellrechnung reklamierte, oder sich der Filmproduzent Bernd Eichinger zu seinen Puff-Gängen bekannte. In Großbritannien führte die Affäre eines Ministers mit der Edelhure Christine Keeler gar zu einer Regierungskrise. Das war freilich 1963.

Natürlich gibt es heute in Deutschland etliche Etablissements für den gehobenen Geschmack, in denen peinlichst auf die Einhaltung der Gesetze geachtet wird, um den Kunden eine zufällige Enttarnung zu ersparen.

Doch die wirklich Prominenten scheuen noch den Weg in diese Edelclubs: Es könnte ihnen ja so ergehen wie jenem erfolgreichen Fußballtrainer, der ein Bordell just in dem Moment verließ, als einer seiner Profis Einlass begehrte. „Sie hier?" stammelten beide und gingen eiligst ihrer Wege – der Trainer raus, der Spieler rein.

Vielen Prominenten oder auch nur Stadtbekannten scheint daher der Dirnenbesuch in Hotels oder daheim sicherer. Nur: Dort vor allem arbeiten die Illegalen – früher waren es die Thailänderinnen, heute sind es zumeist die importierten Frauen aus Osteuropa. Und damit geraten ausgerechnet Prominente wie jüngst der TV-Moderator Michel Friedman nicht nur leicht ins Umfeld der Illegalen, sondern auch auf die Zeugenliste der Polizei – ein Kollateralschaden beim Kampf gegen den Menschenhandel.

So galten die Rotlicht-Ermittlungen, in denen sich der Christdemokrat Friedman jetzt peinlich verhedderte, keineswegs ihm, sondern einer hoch professionellen Schleuserbande. Seit Ende Januar waren Fahnder den Gangstern auf der Spur: Mit gefälschten polnischen Pässen sollen die Verdächtigen ihre Ukrainerinnen, kaum eine älter als 25 Jahre, nach Berlin gebracht haben.

Zu der Gruppe sollen drei Männer gehören: der Ukrainer Borys B., 33, und die Polen Krzysztos und Mariusz M. Das Trio sitzt inzwischen hinter Gittern, der Verdacht: schwerer Menschenhandel.

Borys, genannt „Borka", kommt aus dem 1000-Seelen Dorf Iwankow, südwestlich von Kiew. Der örtlichen Miliz ist der umtriebige Ost-West-Händler als „harter Bursche" bekannt, der stets damit prahlte, er könne sich „alles leisten". Als er vor acht Monaten zum letzten Mal seine Mutter besuchte, fuhr er mit einem „dicken deutschen Schlitten" vor und erklärte, dass er erfolgreich einen „Auto-Service" aufgezogen habe. Laut seiner 56-jährigen Mutter war Borka vor fünf Jahren nach Deutschland ausgewandert, sein Bild in Armeeuniform schmückt den Flur des 78-Quadratmeter-Häuschens.

Die Ermittler wollen Borka und seine beiden Kumpel beim regelrechten „Verkauf" von Frauen ertappt haben: Eine junge Ukrainerin soll am Flughafen Berlin-Tegel den „Besitzer" gewechselt haben; für 3500 Euro wurde sie verscherbelt. Eine andere kaufte laut Ermittlungen ein verliebter Kunde, im vornehmen Hotel Esplanade, für 20 000 Euro frei.

Die Frauen sollen von den Händlern vorwiegend im ukrainischen Tarnopol, einer hässlichen Betonstadt an der Schnellstraße M 14, angeworben worden sein. Angeblich hatten sie von Beginn an gewusst, zu welchem Zweck sie nach Deutschland sollten. Dort warben die Zuhälter dann mit Annoncen in Berlins Boulevardblatt „B.Z." für „naturgeile ukrainische Nymphen – Superservice HH", sprich Haus und Hotel.

Und die Ost-Mafiosi hatten nicht nur Otto-Normal-Bürger als Kunden im Blick, sondern vor allem zahlungskräftiges Publikum. Ihre Prostituierten sollen pro Stunde 90 Euro gekostet haben. Davon blieb den Frauen zunächst wenig. Angeblich hatten sie erst ihre Vermittlungs- und Transportkosten von 10 000 Euro „abzuarbeiten". Untergebracht wurden sie in Wohnungen am Berliner Gardeschützenweg, an der Uthmannstraße sowie am Hindenburgdamm.

Von dort aus schwärmten die Ukrainerinnen Nacht für Nacht aus – offenbar auch manchmal in jene Suite in der Sicherheitsetage des Hotel Inter-Continental, in der auch Michel Friedman abgestiegen sein soll. Die Ermittler, die während der viermonatigen Telefonüberwachung der Bande mehr als 1000 Gespräche mitschnitten, konnten bis heute rund 120 Freier identifizieren. Kunden der Ukrainerinnen waren angeblich zumindest acht bis zehn bekannte Sportfunktionäre und Mediengrößen sowie hohe Politiker und Diplomaten, deren Namen nun in die Ermittlungsakten gelangten.

Auch die Männer aus der gesellschaftlichen Schicht darunter, die gewöhnlichen Honoratioren, finden nichts dabei, als Kunden der Illegalen die moderne Sklaverei erst zu ermöglichen – wie der Fall „Schinken-Sigi" zeigt. Der ehemalige Schlachtermeister wurde im vergangnen August zu drei Jahren Haft verurteilt, nachdem er mit einem Puff im schleswig-holsteinischen Rellingen nach Schätzungen des Finanzamtes bis zu 1,7 Millionen Mark pro Jahr umgesetzt hatte.

Leuchtende rote Herzchen wiesen Männern in schweren Limousinen den Weg zum „Club 92". Und als Anfang der neunziger Jahre die Frauen Osteuropas vom Kommunismus befreit waren, wurde der Profit, der dabei hängen blieb, für Schinken-Sigi noch erfreulicher als zuvor. Ljudmila, 22, aus St. Petersburg etwa kam, weil ihr dortiges Mo-

natssalär von ungerechnet 75 Euro für die Boutiquen, Parfümerien und Sonnenstudios an der Newa nicht reichte. Ljudmila wurde ausgebeutet, aber immerhin blieben ihr 5000 Euro nach drei Monaten – von den 50 000, die Freier für ihre Arbeit bezahlt hatten.

Der Abteilungsleiter einer größeren Sparkasse freute sich über die große Auswahl in Sigis Landpuff, weil bald zwei Dutzend Osteuropäerinnen auf ihn und seine Kumpels warteten. Ein Rechtsanwalt vergnügte sich mit der Litauerin Audrone S., 35, zum Stundenpreis von 200 Mark, und wenn der Handwerksmeister aus dem nahen Pinneberg wieder mal mit Olena K., 23, aus der Ukraine zum Tête-à-tête in den überdachten Swimmingpool wollte, wurden 300 Mark fällig.

Viele der Kunden wussten, dass ihre Gespielinnen Illegale waren – aber alle sahen jahrelang weg, selbst die Behörden. Siegfried B.s Ehefrau Hildegard fuhr die Prostituierten regelmäßig zur ärztlichen Untersuchung ins Gesundheitsamt des Kreises Pinneberg. Nichts geschah.

Dass ihrem Gatten doch noch der Prozess gemacht wurde, lag daran, dass Kriminalbeamte und Staatsanwälte sich darauf besannen, bei Ermittlungen im Rotlichtmilieu verstärkt nach Verstößen gegen das Ausländerrecht zu fahnden. „Der Nachweis dieser Straftaten ist für Ermittler grundsätzlich einfacher als bei den üblichen Delikten im Rotlichtmilieu", sagt der Itzehoer Oberstaatsanwalt Wolfgang Zepter. Das Landgericht Itzehoe wies „Schinken-Sigi" in 49 Fällen nach, dass er sich des „gewerbsmäßigen Einschleusens von Ausländern" schuldig gemacht hatte. (...)

Der SPIEGEL 28/2003 brachte auf Seiten 148 f. den nachfolgend dokumentierten Kommentar von Karen Duve. Der Kommentar ist mit Portraitbildern von Karen Duve und Michel Friedman und einem Bild einer auf einem Bett sitzenden und nach unten blickenden Prostituierten bebildert. Bei letzterem Bild handelt es sich um das gleiche, welches das Cover des SPIEGEL 26/2003 bildete, und das somit eine optische Verbindung zu dem vorgenannten Leitartikel herstellt:

Drohen, Schlagen, Würgen

Karen Duve über Prostitution und die Affäre Friedman

Also noch einmal: Was – falls überhaupt – geht es uns an, wenn Michel Friedman Drogen nimmt oder Prostituierte per Handy aufs Hotelzimmer bestellt?

Was das Kokain betrifft, so muss sich noch zeigen, ob die größeren Mengen, von denen vorige Woche plötzlich die Rede war, am Ende doch zu einer Verurteilung Friedmans führen werden. Andererseits weisen Friedmans Verteidiger nicht ganz zu Unrecht darauf hin, dass man schon sehr unbedarft sein muss, um sich überrascht zu zeigen, wenn eine bekannte Gestalt aus Film, Funk oder Fernsehen mit Koks erwischt wird. (Sollte sich die breite Öffentlichkeit tatsächlich auf den Konsens „ist nicht so schlimm, die machen's doch sowieso alle" einigen, wäre im selben Moment allerdings auch das viele schöne Geld für die Katz, das seit Jahren für Plakate ausgegeben wird, auf denen Prominente wie Franziska von Almsick versichern, ihr Leben sei auch ohne Drogen ganz prima – möglicherweise hat die Katz das Geld aber sowieso schon.)

Wenden wir uns der Sache mit den Prostituierten zu. Der bloße Umstand, dass Friedman die Dienstleistung von Huren in Anspruch genommen haben soll, wird ihn in den Augen der meisten noch nicht diskreditieren. Weswegen auch? Fernsehmehrteiler wie „Der König von St. Pauli" verbreiten immer noch ein folkloristisch-menschelndes Bild vom horizontalen Gewerbe, in dem Huren mütterlich und sentimental sind und ruppige Zuhälter nur ihr goldenes Herz verbergen wollen. Boxende oder sonnenbebrillte Vertreter des echten Rotlichtmilieus dürfen in Talkshows ihre Weltsicht verbreiten und tauchen auf privaten Society-Partys auf, um sich dort von prominenten Nichtsnutzen liebevoll in die Arme schließen zu lassen. Filmproduzent Bernd Eichinger brüstete sich öffentlich, Puffgänger zu sein und wenn es auch jedes Mal ein bisschen Aufregung gibt, sobald ein Prominenter sich erwischen lässt, wird sein Bordellbesuch doch letztlich unter „menschlich, nur allzu menschlich" abgebucht. Zunehmende Akzeptanz allerorten. Eine Frau, die vor 20 Jahren ihren Freund oder Ehemann fragte, ob er jemals eine Prostituierte in Anspruch genommen habe, erhielt mit an Sicherheit grenzender Wahrscheinlichkeit ein empörtes Nein zur Antwort. Heute mischt sich unter diese Neins immer öfter das Geständnis: „Ja, aber nur ein einziges Mal", wobei die sukzessive Annäherung an die Wahrheit vorerst noch durch einen Appell an das weibliche Mitgefühl gebrochen wird: „... und außerdem war es ganz schrecklich."

Nun hat sich Michel Friedman der traumatisierenden Erfahrung des käuflichen Geschlechtsverkehrs nicht ausgesetzt, indem er ein Bordell aufsuchte, die Dienste einer Hure in Anspruch nahm und ihr 60 bis 90 Euro aufs Nachtkastl legte. Bei dieser Vorgehensweise bliebe ja wenigstens noch offen, wie viel Euro der Inhaber des Etablissements kassiert und mit kaukasischen Schutzgelderpressern teilt, wie viel ein möglicherweise vorhandener Verlobter verlangt und wie viel dann schließ-

lich noch ins Sparschwein für den zukünftigen Friseursalon wandern. Friedman – so zumindest behaupten die Staatsanwälte – hat die Frauen per Telefon ins Hotel bestellt, und er hat den Deal nicht mit ihnen selbst vereinbart. Er hat nicht gefragt: „Werte Dame, hätten Sie und Ihre Kollegin Lust, für diese Nacht meine Bettgespielinnen zu sein?" Und es gab auch keine Dame, die hätte antworten können: „Aber gern, sofern Sie 800 Euro bereithalten."

Stattdessen hat es Herr Friedman – wenn es denn so war – vorgezogen, mit einem osteuropäischen Zuhälter zu telefonieren und dort seine Bestellung aufzugeben. Er hat sich mit dem organisierten Verbrechen eingelassen. Anders wäre die Berliner Justiz, die gegen eine ukrainisch-polnische Schleuserbande ermittelte, auch gar nicht auf ihn aufmerksam geworden. Michel Friedman, davon darf man getrost ausgehen, ist ein sehr gut informierter Mensch. Er weiß also, dass Frauenhändler aus Osteuropa mit Erniedrigung, mit der körperlichen und seelischen Zerstörung junger Mädchen arbeiten. Er weiß, dass Polinnen, Ukrainerinnen oder Russinnen nicht deswegen alles über sich ergehen lassen, weil sie „naturgeil" sind, sondern weil sie einmalige, mehrmalige oder tagelange Vergewaltigungen, durch Drohungen, Schläge, Würgen oder Tritte gefügig gemacht worden sind. Er weiß, dass Zuhälter wie der, mit dem er telefoniert hat, ihre Uhren, Mercedesse und geschmacklosen Anzüge durch gnadenlose Ausbeutung finanzieren und dass sie, wenn diese ersten existenziellen Bedürfnisse gestillt sind, auch gern einmal in den Waffenhandel einsteigen.

Warum also bestellt Michel Friedman sein Fleisch nicht dort, wo noch hausgeschlachtet wird? Warum bestellt er beim Ukrainer? Gehen wir zu Friedmans Gunsten davon aus, dass es nicht das Elend, das Ausgeliefertsein der Mädchen ist, das ihn besonders gereizt hat, dann bleibt eigentlich nur noch die Möglichkeit, dass der Herr aus Osteuropa offenbar ein Mann war, der für Premiumware bürgte und dass Friedman nach Ende der Sendung einfach mal richtig die Puppen tanzen lassen wollte. Schampus, Luxussuite, Koks und Top-Weiber. Was kost' die Welt! Es hat ihn offenbar nicht interessiert, ob die Champagnertraube umweltfreundlich gekeltert worden ist. Es hat ihn nicht interessiert, auf welche Weise aus einer jungen Osteuropäerin mit Illusionen über den Westen die Ware „Zu allem bereite Prostituierte" geworden ist.

Da gut die Hälfte der Frauen, die in Deutschland anschaffen gehen, aus dem Ausland kommen, hat Friedman sich nicht besser und nicht schlechter benommen, als Abertausende deutscher Freier. Und das ist vielleicht eine noch interessantere Frage: Wie können so viele Männer in und auf Frauen ejakulieren, ohne deren Not zur Kenntnis zu nehmen? Sehen die nie fern? Wie erklären die sich, wenn die Haut einer Prostituierten mit blauen Flecken und centstückgroßen Brandflecken übersät ist? Wie können sie Erregung empfinden, wo sich Mitleid aufdrängen würde?

Es gibt eine menschliche Neigung, hinsichtlich unserer inneren Maßstäbe und moralischen Grundsätze Kompromisse zu schließen, wenn wir etwas sehr gerne wollen. Und es ist ein Klischee, wie leicht Männer zu belügen und zu manipulieren sind. Die männliche Willfährigkeit, Schmeicheleien für präzise Beobachtungen zu halten, das abwegigste Lob bedingungslos zu glauben und jede Situation auf die für sich günstigste Weise zu deuten, wird von Frauen gern als liebenswürdige Schwäche gedeutet.

Wenn Freier Sätze von sich geben wie „So eine Hure freut sich doch auch, wenn mal ein junger hübscher Mann dabei ist" oder „Diesmal war es aber nicht gespielt, das war so echt, das kann gar nicht gespielt sein", erinnern sie an elfjährige Mädchen, die auch felsenfest davon überzeugt sind, ihre Ponys wären froh und glücklich, von ihnen geritten zu werden.

Aber vor dem Hintergrund des brutalen internationalen Frauenhandels kann man diese Bereitschaft, die Gefühle einer anderen Person konsequent zu ignorieren und durch eine Projektion zu ersetzen, die den eigenen Interessen entgegenkommt, nicht mehr als Naivität durchgehen lassen, sondern muss sie als wahnhafte Form von Realitätsverweigerung bezeichnen. Wenn in einer Erotiksendung die Pornodarstellerin Anja vorgeführt wird, eine junge Frau, der – für jeden, der Augen hat – die sexuelle Misshandlung geradezu auf die Stirn geschrieben steht, und dazu eine Stimme aus dem Off raunt: „Was Anja am liebsten mag, ist Analsex...", dann ist das keine liebenswerte männliche Träumerei, sondern die Pest, und es wird Zeit, aufzuwachen und ein paar Realitäten ins Auge zu sehen. Zum Beispiel, dass es in Deutschland Sklaverei gibt.

Es geht nicht darum, ob Friedmans Argumente oder Attacken in Zukunft weniger glaubwürdig sind, weil er persönlich gefehlt hat. Der Skandal ist nicht, dass Friedman als Politiker und als Mann des öffentlichen Lebens sich erpressbar gemacht hat. Der eigentliche Skandal ist, dass uns in der Diskussion über Michel Friedmans Verhalten etwas als menschlich, allzu menschlich verkauft werden soll, was zutiefst unmenschlich ist. Wenn das endlich mal in den Hirnen ankäme, hätte der *umstrittene TV-Moderator – wenn auch nur in der undankbaren Rolle als Fallbeispiel – mehr erreicht, mehr aufgeklärt und aufgewühlt als in seiner ganzen bisherigen Laufbahn.*

Die BILD-Zeitung (Mainz-Wiesbaden) vom 13.08.2003 brachte auf der ersten Seite den nachfolgend dokumentierten Artikel. Der Artikel war bogenförmig um das links von diesem Artikel befindliche Bild einer weitgehend unbekleideten Frau herum angeordnet. Ein direkter inhaltlicher Bezug des Artikels zu dem Bild von der fast nackten Frau bestand aber nicht:

Affäre Friedman
Mädchenhändler bald vor Gericht

*Berlin – **Die Staatsanwaltschaft Berlin hat Anklage gegen drei Menschenhändler erhoben.** Sie sollen zwei Jahre lang ukrainische Frauen nach Deutschland geschleust und hier zur Prostitution gezwungen haben. Die Anklage lautet auf Zuhälterei und Menschenhandel.*

Zwei der Huren hatten nach ihrer Festnahme ausgesagt, dass TV-Moderator Friedman (47) in ihrer Anwesenheit Kokain genommen haben soll – Friedman gestand und musste 17 400 Euro Strafe zahlen. (BILD berichtete).

Literaturverzeichnis

Bertram, Günter: Verfrühter Nachruf – noch einmal zum „Fall Friedman". In: NJW 2003, 3027 ff.

Braak, Ivo: Poetik in Stichworten: Literaturwissenschaftliche Grundbegriffe: Eine Einführung, 7. Aufl. überarbeitet u. erweitert v. Martin Neubauer, Unterägeri 1990.

Brandt, Andrea / Flottau, Renate / Hielscher, Almut / Holm, Carsten / Kraske, Marion / Kurz, Felix / Ludwig, Udo / Neef, Christian / Schimmöller, Heiner / Schmidt, Caroline / Stark, Holger / Voigt, Wilfried: Verkauft wie eine Kuh: Die Ermittlungen gegen Berliner Zuhälter, in die Fernsehmoderator Michel Friedman geriet. In: SPIEGEL 26/2003, S. 44 ff.

Brinker, Klaus: Linguistische Textanalyse: Eine Einführung in Grundbegriffe und Methoden, 5. Aufl. Berlin 2001. (Zitiert: Brinker (1)...)

– Textfunktionale Analyse. In: *Brinker, Klaus / Antos, Gerd / Heinemann, Wolfgang / Sager, Sven F.* (Hrsg.): Text- und Gesprächslinguistik: Ein internationales Handbuch zeitgenössischer Forschung, 1. Halbband, Berlin, New York 2000. (Zitiert: Brinker (2)...)

– Textstrukturanalyse. In: *Brinker, Klaus / Antos, Gerd / Heinemann, Wolfgang / Sager, Sven F.* (Hrsg.): Text- und Gesprächslinguistik: Ein internationales Handbuch zeitgenössischer Forschung, 1. Halbband, Berlin, New York 2000. (Zitiert: Brinker (3)...)

Damm, Renate / Rehbock, Klaus: Widerruf, Unterlassung und Schadensersatz in Presse und Rundfunk, 2. Aufl. München 2001.

Duve, Karen: Drohen, schlagen, würgen: Karen Duve über Prostitution und die Affäre Friedman. In: SPIEGEL 28/2003, S. 148 f.

Eckert, Martin: Literatur und Kriminologie: Literatur als Objekt kriminologischer Analysen, Herbolzheim 2002.

Fechner, Frank: Medienrecht: Lehrbuch des gesamten Medienrechts unter besonderer Berücksichtigung von Presse, Rundfunk und Multimedia, 3. Aufl. Tübingen 2002.

Große, Ernst Ulrich: Text und Kommunikation: Eine linguistische Einführung in die Funktion der Texte, Stuttgart 1976.

Harjung, J. Dominik: Lexikon der Sprachkunst: Die rhetorischen Stilformen, München 2000.

Hoffmann, Ludger: Thema, Themenentfaltung, Makrostruktur. In: *Brinker, Klaus / Antos, Gerd / Heinemann, Wolfgang / Sager, Sven F.* (Hrsg.): Text- und Gesprächslinguistik: Ein internationales Handbuch zeitgenössischer Forschung, 1. Halbband, Berlin, New York 2000.

Jarass, Hans D. / Pieroth, Bodo: Grundgesetz für die Bundesrepublik Deutschland: Kommentar, 6. Aufl. München 2002.

Jessen, Jens: Der Stellvertreter: Michel Friedman ist ein Opfer deutscher Selbstbespiegelung. In: Die Zeit v. 26.06.2003, S. 1.

Lüderssen, Klaus: Produktive Spiegelungen: Recht und Kriminalität in der Literatur, Frankfurt 1991.

Paschke, Marian: Medienrecht, 2. Aufl. Berlin, Heidelberg, New York u.a. 2001.

Petersen, Jens: Medienrecht, München 2003.

Picht, Georg: Kunst und Mythos; hrsg. v. Constanze Eisenbart in Zusammenarbeit mit Enno Rudolf, Stuttgart 1986.

Rautenberg, Erardo Cristoforo: Nachruf auf den „Fall Friedman". In: NJW 2003, 2428 ff.

Schaefer, Hans Christoph: Justiz im Zwielicht. In: NJW 2003, 2210 f.

Schmitt, Bertram: Strafrecht. In: *Eberle, Carl-Eugen / Rudolf, Walter / Wasserburg, Klaus* (Hrsg.): Mainzer Rechtshandbuch der Neuen Medien, Heidelberg 2003.

Schneider, Hendrik: Grundlagen der Kriminalprognose: Eine Rekonstruktion der Probleme von Zuverlässigkeit und Gültigkeit unter Rückgriff auf Alfred Schütz, Berlin 1996.

Schulz, Winfried: Nachricht. In: *Noelle-Neumann, Elisabeth / Schulz, Winfried / Wilke, Jürgen* (Hrsg.): Fischer Lexikon Publizistik Massenkommunikation, Frankfurt am Main 2002.

Seitz, Walter: Der Presseprozess: Prozess um Medienzivilrecht. In: *Seitz, Walter / Büchel, Helmut* (Hrsg.), Beck'sches Richter-Handbuch, München 1995. (Zitiert: Seitz (1)...)

– Meinungsfundamentalismus: Von „Babycaust" und „rechtswidrigen Abtreibungen". In: NJW 2003, 3523 f. (Zitiert: Seitz (2)...)

Soehring, Jörg: Presserecht: Recherche, Darstellung und Haftung im Recht der Presse, des Rundfunks und der neuen Medien, 3. Aufl. Stuttgart 2000.

Thüsing, Gregor: „Florida-Rolf" – Von der Macht der Medien und dem Sinn der Sozialhilfe. In: NJW 2003, 3246 ff.

Watzlawick, Paul / Beavin, Janet H. / Jackson, Don D.: Menschliche Kommunikation: Formen, Störungen, Paradoxien, 8. Aufl. Bern, Stuttgart, Toronto 1990. (Zitiert: Watzlawick...)

Wenzel, Karl Egbert: Das Recht der Wort- und Bildberichterstattung: Handbuch des Äußerungsrechts, 5. Aufl. fortgeführt v. Emanuel H. Burkhard, Waldemar Gamer u. Joachim Ritter von Strobl-Albeg, Köln 2003. (Zitiert: Wenzel...)

Stichwortverzeichnis

Akyrologie 28 ff., 36, Fn. 79, Fn. 124
Analyse 20, 22, 24, 27, 30 f., 33 ff., 37, 59 f., 65
- juristische 2, 13, 15, 46, 54, 56, 60, 62
- linguistische 2, 13, 15, 20, 33, 37, 60, 62

Aussage 1 ff, 11 ff., 19 ff., 24, 28, 30, 33 ff., 44, 47 ff., 54 ff., 65, 67 ff.
- „direkte" 3 ff., 11 f., 35, 60
- eigentliche 5, 19, 24, 28 f., 36, 68, Fn. 36, Fn. 45, Fn. 92, Fn. 95, Fn. 97, Fn. 151, Fn. 154, Fn. 160
- tatsächliche 1, 5, 12, 35, 37 f., 42 f., 45, 46 ff., 54, 56, 59 f., 68
- „verdeckte" 1, 3, 8 ff., 12 f., 19, 24, 35 f. 48 f., 57, 60, 63, Fn. 16
- „weitere" 3 ff., 28, 34 f., 48, 57 f., Fn. 16

Äußerung 23 ff., 27
- Äußerungsfreiheit → Grundrechte
- Äußerungsstruktur 27
- Äußerungswirklichkeit 32, 45
- Funktion 20 f. 33 ff. 38
- mediale 1 ff., 5 f. 27, 53, 67

Äußerungsrecht 2, 53, 63

Basisteil → Sprachbilder
Berichterstattung 9 f., 14, 16, 32, 38, 49 f., 58, 63, 68, Fn. 135
- bewusst unvollständige 49
- Berichterstattungsfreiheit → Grundrechte
- Verlautbarungsjournalismus 66, Fn. 186

Bestimmtheitsgrundsatz 64

Beweiszugänglichkeitstheorie 52, 58
Bezugsausdruck → Wiederaufnahme

Definitionsmacht 62, Fn. 162

Emittent 3 ff., 20 ff., 27, 31 ff., 36 f., 44, 46 ff., 52, 56 ff., 65, Fn. 53
- Absicht 10, 20, 31, 36, 44

Grundrechte 47, 50, 53
- Äußerungsfreiheit 47 f, 53
- allgemeines Persönlichkeitsrecht 46, 53, 65, 67 f.,
- Berichterstattungsfreiheit 50
- Kritikfreiheit 57
- Medienfreiheit 65
- Meinungsfreiheit, 47 f., 50, 53, 58, 69
- „Metaphernfreiheit" 50

Hauptthema → Thema

Interesse
- öffentliches 53, 55, 67 f.
- Wahrnehmung berechtigtes → Rechtfertigungsgrund

Interpretation 20, 27, 32, 35, 46 f., 53, 57, 65

Kommunikation 3 f., 20 f., 24 f., 27, 31 f., 69
- Beschränkungen 32
- Beziehungsaspekt 32
- Funktion 20, 27, 32
- Metakommunikation 32
- zwischenmenschliche 4, 32

Machbarkeits-Problem 62

Medien 1 f., 5, 8 ff., 14 ff., 19, 36 f., 43, 49, 53, 56 f., 63 ff., Fn. 18, Fn. 94, Fn. 96, Fn. 98, Fn. 161
- Medienethik 61, 69
- öffentliche Aufgabe 66 f.

Meinung 1, 3 f., 6, 12, 21, 34, 44, 46 f., 50 ff., 60 f., 66, 69, Fn. 85, Fn. 161, Fn. 170
- latente unspezifische 12, 44, 66
- Meinungsäußerung 3 f., 46 f., 50 ff., 55, 58, 60. Fn. 135, Fn. 157
- Meinungsbildung 54 f., 58, 66, Fn. 161
- Meinungsfreiheit → Grundrechte

Nachricht 4 f., 12 ff., 31, 66, Fn. 135, Fn. 137
- Nachrichtenauswahl 67
- Nachrichtenfaktoren 12
- Nachrichtenwert 38, 66
- Negativität 11 f., 19

Nebenthema → Thema

Persönlichkeitsrecht → Grundrechte
Person der Zeitgeschichte 14, 36, 43 ff.
plaintalk 4, 35, 49, 68, Fn. 80
propia dictio 4, 49, Fn. 79 f.

Rechtfertigungsgrund 53, Fn. 184
- Rechtswidrigkeit 46, 51, 53, 55, 59
- Wahrnehmung berechtigter Interessen 53, 67, Fn. 184

Rezipient 1, 3 ff., 8, 12 f., 19 ff., 25 ff., 30 ff., 44 f., 46 ff., 52, 55 ff., 65 f., 68, Fn. 35, Fn. 44 f., Fn. 100, Fn. 154, Fn. 160, Fn. 179
- Empfängerhorizont 50, 54, 57
- Wirkung auf 31 f., 36 f., 44

Rhema 24, 26, 35, Fn. 68

Schwerpunkttheorie 53

Selbstregulierung 61, 69
Sprachbilder 20, 28, 30 f., 35, 44, 50 f., Fn. 178
- Basisteil 28, 35 f.
- Verfremdungsteil 28, 30, 35 f.

Sprachempfinden, „natürliches" 2, 63
Stellvertreterthema 1 ff., 9 ff., 19, 21, 24, 26, 30 ff, 42, 44 f., 60, 62 f., 65, 67 ff., Fn. 1, Fn. 23, Fn. 36, Fn. 45, Fn. 61, Fn. 92, Fn. 95, Fn. 97 f., Fn. 151, Fn. 154, Fn. 160, Fn. 170

Tatsache 3 f., 19, 35, 38, 45 f., 49 ff., 67 ff., Fn. 161
- Tatsachenbehauptung 3 f., 46, 49 ff.,
- Tatsachenkern 52, 56, 58, Fn. 153

Thema 16, 25 Fn. 41
- Nebenthema 26 f.
- Hauptthema 26 f., 35, Fn. 93
- tatsächliches 26, 33, 35
- Themenstruktur 20, 24, 26, 35, 41 f.

Thema-Rhema-Einheit 26

Variantenlehre, Variantenprüfung 47, 50, 54
Verfremdungsteil → Sprachbilder
Vermutung
- zugunsten Meinungsäußerung 53
- zugunsten freie Rede 54, 55

Werbung 8
Wiederaufnahme 23 f., 39 ff.
- Bezugsausdruck 23, 27, 33 f., 38 ff., Fn. 93
- Wiederaufnahmeausdruck 23, 27
- Wiederaufnahmerelation 24, 27, 34 f., 39, 40 f., Fn. 93
- Wiederaufnahmestruktur 20, 22, 27, 34 ff., 38 f.

Centaurus Aktuell

■ Bernard, Claudia
Rundfunk als Rechtsbegriff.
Bedeutung, Inhalt und Funktion des Rundfunkbegriffs unter besonderer Berücksichtigung der Multimediadienste
Aktuelle Beiträge zum Öffentlichen Recht, Bd. 6, 2001,
270 S., ISBN 978-3-8255-0342-0, € 32,90

■ *Eckert, Martin*
Literatur und Kriminologie.
Literatur als Objekt kriminologischer Analysen unter Berücksichtigung des „Formwillens" als hervorstechende Eigenschaft literarischer Texte
Reihe Rechswissenschaft, Bd. 195, 2002, 258 S.,
ISBN 978-3-8255-0361-1, € 28,–

■ *Fandel, Stefan*
Die Angabepflicht nach § 5 Abs. 1 Nr. 9 UmwG.
Forum Arbeits- und Sozialrecht, Band 21, 2004, 242 S.,
ISBN 978-3-8255-0483-0, € 25,90

■ *Kowalski, Nina*
Vom passiven zum aktiven Sozialplan.
Vergleich zwischen dem gesetzlichen Förderungsinstrument der §§ 254 ff. SGB III und dem Transfer-Sozialplan-Konzept der BAVC e.V.
Forum Arbeits- und Sozialrecht, Band 18, 2004, 218 S.,
ISBN 978-3-8255-0472-4, € 26,90

■ *Niewerth, Carsten*
Die strafrechtliche Verantwortung des Wirtschaftsprüfers
Studien zum Wirtschaftsstrafrecht, Band 21, 2004, ca. 350 S.,
ISBN 978-3-8255-0452-6, ca. € 33,–

■ *Röhm, Peter M.*
Zur Abhängigkeit des Insolvenzstrafrechts von der Insolvenzordnung
Studien zum Wirtschaftsstrafrecht, Band 18, 2002, 388 S.,
ISBN 978-3-8255-0373-4, € 31,70

www.centaurus-verlag.de

Centaurus Aktuell

■ *Schünemann, Bernd (Hg.)*
Claus Roxin. Person – Werk – Epoche
Reihe Rechtswissenschaften, Band 196, 2003,
80 S., ISBN 978-3-8255-0381-9, € 13,50

■ *Schünemann, Bernd (Hg.)*
Strafrechtssystem und Betrug
Studien zum Wirtschaftsstrafrecht, Band 7, 2002, 250 S.,
ISBN 978-3-8255-0153-2, € 27,90

■ *Schumacher-Mohr, Marion*
Die vorzeitige Beendbarkeit des Anstellungsverhältnisses eines AG-Vorstandsmitglieds gegen seinen Willen.
Forum Arbeits- und Sozialrecht, Band 19, 2004, 206 S.,
ISBN 978-3-8255-0473-1, 26,50 €

■ *Thoma, Birgit*
Unmittelbarer Opferzeugenschutz
Möglichkeiten und Grenzen der audiovisuellen Vernehmung von Kindern als Opferzeugen in Verfahren wegen sexuellen Mißbrauchs nach dem neuen Zeugenschutzgesetz
Reihe Rechtswissenschaft, Band 198, 2003, 310 S.,
ISBN 978-3-8255-0422-9, € 29,95

■ *Wagemann, Christian*
Die Geschichte des Betrugsstrafrechts in England und in den Vereinigten Staaten
Studien zum Wirtschaftsstrafrecht, Band 21, 2005,
ca. 400 S., ISBN 978-3-8255-0517-2, ca. € 30,–

■ *Wenzel, Birgit*
Das Verhältnis von Steuerstraf- und Besteuerungsverfahren unter besonderer Berücksichtigung der Ursächlichkeit des Besteuerungsverfahrens für Beweisverwertungsverbote im Steuerstrafrecht
Reihe Rechtswissenschaft, Band 199, 2003, ca. 290 S.,
ISBN 978-3-8255-0454-0, ca. € 30,–

www.centaurus-verlag.de

The manufacturer's authorised representative in the EU is Springer Nature Customer Service Centre GmbH, Europaplatz 3, 69115 Heidelberg, Germany. If you have any concerns regarding our products, please contact ProductSafety@springernature.com

Printed and bound by CPI Group (UK) Ltd, Croydon, CR0 4YY
25/03/2026
02078172-0008